Sigmar Polke am Gaspelshof

Lucy Degens

Sigmar Polke am Gaspelshof

Kunst und Alltag im Spannungsfeld
von Autorschaft und Pluralität

Herausgeber: Willicher Kunstverein e. V.

Deutscher
Kunstverlag

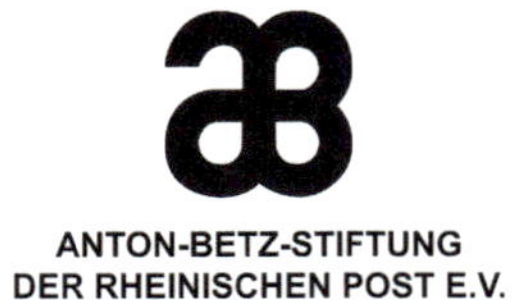

ANTON-BETZ-STIFTUNG
DER RHEINISCHEN POST E.V.

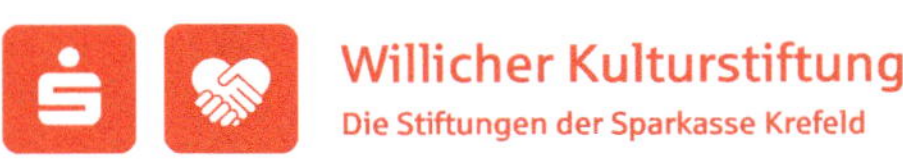

ISBN 978-3-422-80337-4
e-ISBN (PDF) 978-3-422-80338-1

Library of Congress Control Number: 2025943175

Bibliografische Information der Deutschen Nationalbibliothek
Die Deutsche Nationalbibliothek verzeichnet diese Publikation in der Deutschen Nationalbibliografie; detaillierte bibliografische Daten sind im Internet über http://dnb.dnb.de abrufbar.

© 2025 Deutscher Kunstverlag
Ein Verlag der Walter de Gruyter GmbH, Berlin/Boston, Genthiner Straße 13, 10785 Berlin.

Einbandabbildung: Achim Duchow, „Die Düsseldorfer Szene", 1975, Kunstmuseum Bonn,
Foto: David Ertl, © Estate Achim Duchow/VG Bild-Kunst, Bonn 2025
Einbandgestaltung: Katja Peters, Berlin
Lektorat: Anja Hellhammer
Layout und Satz: Savage Types Media GbR, Berlin
Druck und Bindung: Beltz Grafische Betriebe, Bad Langensalza

www.deutscherkunstverlag.de
www.degruyterbrill.com
Fragen zur allgemeinen Produktsicherheit:
productsafety@degruyterbrill.com

Inhaltsverzeichnis

Unterstützt wurde die Forschung für diesen Text durch ein Stipendium der Anna Polke-Stiftung und den zuvorkommenden Einsatz des Teams. Neben der Stiftung gebührt ein herzlicher Dank besonders Astrid Heibach, Katharina Steffen, Stephan Runge, Ernst Mitzka und Peter Wynands, die mir ihre persönlichen Erinnerungen anvertraut haben, Klaus Behrla/Willicher Kunstverein e. V., Barbara Lange-Duchow/Estate Achim Duchow, Prof. Dr. Ulli Seegers, der Willicher Kulturstiftung, der Anton-Betz-Stiftung und den weiteren Personen und Institutionen, die die Recherche und Publikation unterstützt haben.

Zur Einführung

> Ein gigantesker Würgasmus und das, worum sich alles dreht, das mittlerweile von der Samen- zur Pflänzchenetappe avancierte Kunstdüngerprodukt streckt und dehnt sich sehnsüchtig nach dem azurenen Blaus des Willicher Himmels um nicht noch weiter bekotzt zu werden.[1]

Unter dem von Peter Breslaw beschriebenen azurblauen Willicher Himmel liegt der Gaspelshof. Den stillgelegten Hof mietete Sigmar Polke von 1972 bis 1980 an und machte ihn diese Jahre über zum Angelpunkt seines Alltags und seines künstlerischen Schaffens. Hier schuf Polke multiple bis heute vielrezipierte Arbeiten, wie seinen Kleinbürgerzyklus und die Werkgruppe *Original + Fälschung*. Neben seiner Kunst boten die vielen Zimmer, geräumigen Scheunen und die freie Natur auch seinem sozialen Umfeld, Platz zu gedeihen. Der ehemalige Bauernhof am Niederrhein wurde zum Nährboden der Verbindung sozialer und künstlerischer Energie.[2] In den ersten Jahren waren es vor allem Mariette Althaus, Katharina Sieverding, und Klaus Mettig – später dann Achim Duchow, Stephan Runge, zeitweise Katharina Steffen und Astrid Heibach –, die ihn teils besuchten und teils temporär in einem der vielen Zimmer des ehemaligen Bauernhofes wohnten.[3] In vielen Situationen verschmolz die Kunst

---

1 Breslaw, Peter: „Polke, Duchow und Co.", in: *Sigmar Polke: Fotos, Achim Duchow: Projektionen*, hg. vom Kasseler Kunstverein, Ausst.-Kat. Kasseler Kunstverein, Kassel 1977, o. S.
2 Stephan Runge betont die damals spürbare Dynamik; persönliche Korrespondenz.
3 Die Liste lässt sich von den Künstlern Memphis Schulze, Michael Buthe oder Ernst Mitzka über Galerist:innen bis zu anders verbundenen Bekanntschaften, wie Peter Breslaw und Peter Saunders (genannt „Loser/Looser") aus Zürich oder dem ehemaligen Direktor des Gallery House in London, Sigi Krauss, die am Gaspelshof verkehrten, in extenso weiterführen; Lange-Berndt, Petra/Rübel, Dietmar: „Multiple Maniacs! Fluchtbewegungen bei Sigmar Polke & Co.", in: *Sigmar Polke. Wir Kleinbürger! Zeitgenossen und Zeitgenossinnen. Die 1970er Jahre*, hg. von Petra Lange-Berndt/Dietmar Rübel, Ausst.-Kat. Kunsthalle Hamburg, Hamburg 2009/10, Köln 2009, S. 42.

der Einzelnen, von zirkulierenden Ideen, Bildern und Kameras, hin zu im Plural entstandenen Ausstellungen und Kunstwerken.[4]

Seit 2022 und der von ruangrupa kuratierten *documenta fifteen* haben Diskurse um Kollektivität einen merklichen Aufschwung erhalten. Künstler:innenkollektive und Kurator:innenkollektive, die in den letzten Jahren aufkeimten, werden in dieser neuen Literatur oft nach einer spezifischen zeitgeistlichen Emblematik betrachtet und erscheinen ohne historische Wurzeln.[5] In der Erforschung historischer Formen von pluraler Kunstproduktion werden insbesondere die 70er-Jahre oftmals unterschätzt und als Phase der „rebellischen Kommunen und WGs der Studentenbewegungen" abgetan.[6] Der Gaspelshof fällt der Vereinfachung pluralen Zusammenwirkens der 70er-Jahre ebenfalls zum Opfer: Die Peripherie des Netzwerks, das dort Zeit verbrachte, sowie die wachsende Literatur reproduzierten schon früh einen eigensinnigen externen Blick auf den Gaspelshof. Begriffe wie „Kommune",[7] „Kollektiv"[8] und

4 Die weiteren involvierten Künstler:innen passierten in dieser Zeit ebenfalls wichtige Meilensteine ihrer Karrieren; Curiger, Bice: „Im aufgewühlten anthropologischen Jahrzehnt", in: *Sigmar Polke und die 1970er-Jahre. Netzwerke, Experimente, Identitäten*, hg. von Joseph Imorde/Eva Schmidt/Christian Spies, Ausst.-Kat. Museum für Gegenwartskunst Siegen, Siegen 2019, S. 20; Memphis Schulze begann ab 1977 hauptberuflich der Kunst zu folgen; siehe Lange-Berndt, Petra/Rübel, Dietmar: „Let's Rock!", in: *Memphis Schulze. Werkverzeichnis 1969–1993*, hg. von Katrin Menne et al., Köln 2014, S. 14.

5 So gelten die Verleihung des Turner Prize 2021 an das Array Collective oder das Kuratieren der *documenta fifteen* durch ruangrupa als Zeugnisse eines „radikalen Umdenkens", statt als solche einer langfristigen Entwicklung; „All together now! Kunst im Kollektiv [herausgegeben von The Collective Eye]" [Editorial], in: *Kunstforum International*, Bd. 285, 2022, S. 46.

6 Piffer Damiani, Marion: „Get Together – Kunst als Teamwork", in: *Get Together – Kunst als Teamwork*, hg. von Paolo Bianchi et al., Ausst.-Kat. Kunsthalle Wien, Wien 1999/2000, Wien/Bozen 1999, S. 8.

7 Adriani, Götz: „Das Triumvirat der Sammler", in: *Polke. Eine Retrospektive. Die Sammlungen Frieder Burda, Josef Froehlich, Reiner Speck*, hg. von Götz Adriani Museum Frieder Burda, Baden-Baden, Museum moderner Kunst Stiftung Ludwig Wien (mumok), Wien, Ostfildern 2007, S. 113; Gelshorn, Julia: „Autobiographie als Maskerade. Inszenierung und Verbergen bei Sigmar Polke", in: Georgen/Theresa/Muyers, Carola (Hg.): *Bühnen des Selbst. Zur Autobiographie in den Künsten des 20. und 21. Jahrhunderts*, Kiel 2006 (= Gestalt und Diskurs, Bd. 6), S. 123; Graw, Isabelle: „Beziehungsmuster bei Sigmar Polke", in: *Texte zur Kunst*, Nr. 10, 1993, S. 85; Freitag, Eberhard/Vogel, Carl: „Über Sigmar Polke", in: *Sigmar Polke. Sämtliche grafischen Blätter*, hg. von der Benzin- und Petroleum Aktiengesellschaft, Ausst.-Kat. Clubheim der Deutschen BP Aktiengesellschaft, Hamburg 1975, S. 7.

8 Wienand, Kea: *Nach dem Primitivismus?*, Diss. Oldenburg 2012, leicht überarb. Fassung, Bielefeld 2015 (= Studien zur visuellen Kultur, Bd. 219), S. 212, [Kap. „Die Faszina-

„(Post)Hippiehorde"[9] schürten ein Parallel-Bild, das sich bis heute von der Forschung emanzipierte. Viele Produkte arbeitsteiliger Entstehung und gegenseitiger thematischer Prägung haben Dietmar Rübel und Petra Lange-Berndt in dem von ihnen herausgegeben Katalog zur Ausstellung *Sigmar Polke: Wir Kleinbürger! Zeitgenossen und Zeitgenossinnen* aufgeschlüsselt.[10] Der Gaspelshof selbst erfuhr in Laszlo Glozers *Von Willich aus* eine besondere Thematisierung: Ein Essay über Polkes Fotografie anhand von 85 Originalabzügen, die er zwischen 1973–78 Katharina Steffen geschenkt hat.[11] Der Ausstellungskatalog *Sigmar Polke und die 1970er Jahre. Netzwerke, Experimente, Identitäten* gibt ebenfalls Einblicke in das Zusammenwirken verschiedener Akteur:innen während der Willicher Zeit.[12] Ausgeblieben ist bisher jedoch die entscheidende Einbettung des Gaspelshofs in das, was Pluralität kontextbedingt bedeutet, als auch die Verbindung des Willicher Alltags mit der dort entstandenen Kunst. Was bedeutet die Vermischung von freundschaftlich-pluralem Umfeld für Sigmar Polkes Kunst und seine Autorschaft? Dieser Text argumentiert für die Bewandtnis wechselseitiger Beeinflussungen von Kunst und Alltag im Kosmos Gaspelshof. Aus dieser Perspektive haben soziale Beziehungen und Dynamiken der Kunstwelt und des spezifischen Netzwerks um Polke das Potenzial, Kunst entscheidend zu prägen. Gleichzeitig steht Pluralität in der Kunst mit diesem Ansatz vor allem als zeitloses Nebenprodukt der Kunstproduktion statt als konzeptioneller Trend.

tion des Anderen. Parodien (klein-)bürgerlicher Fantasien in drei Arbeiten von Sigmar Polke (1968, 1975 und 1976)"].

9 Lange-Berndt, Petra/Rübel, Dietmar: „MAD(E) IN WEST GERMANY. Über die Strukturen des Mit, Für- und Gegeneinanders in künstlerischen Gemeinschaften", in: *Singular/Plural. Kollaborationen in der Post-Pop-Polit-Arena. Düsseldorf 1969–1980*, hg. von Petra Lange-Berndt et al., Ausst.-Kat. Kunsthalle Düsseldorf, Düsseldorf, Köln 2017, S. 125.

10 Lange-Berndt/Rübel 2009.

11 Glozer, Laszlo: *Sigmar Polke. Von Willich aus/Starting from Willich. Fotografien/ Photographs 1973–78*, hg. von Laszlo Glozer, Ausst.-Kat. Michael Werner Kunsthandel, Köln 2015. Die Fotografien befinden sich heute in der Sammlung des Museums für Gegenwartskunst Siegen.

12 *Sigmar Polke und die 1970er Jahre. Netzwerke, Experimente, Identitäten*, hg. von Joseph Imorde/Eva Schmidt/Christian Spies, Ausst.-Kat. Museum für Gegenwartskunst Siegen, Siegen 2019.

Die Theorie zum Thema pluraler Autor:innenschaft[13] hat sich wie die der singulären großteils in der Literaturwissenschaft abgespielt.[14] Neue interdisziplinäre Ansätze haben die Kunstwissenschaft jedoch kürzlich von dem Entwicklungsstand der Begrifflichkeiten anderer vormals abgeschirmter Diskurse profitieren lassen. Die Kunstwissenschaft – Christine Fischer deutet an, dass das auf andere Disziplinen übertragbar ist[15] – tangierte im 20. Jahrhundert bereits einen soziologisch verorteten Diskurs, welcher ständige Pluralität von Gesellschaften und damit das plurale Individuum zum Kern hatte.[16] Ein weiterer Diskurs, der die kunstwissenschaftliche Betrachtung von Pluralität durchdringt und die Öffentlichkeit besonders prägt, fokussiert sich auf Pluralität aktionistischer Gruppierungen und öffnet den Themenbereich für Akteur:innen des sogenannten globalen Südens.[17]

Um vor diesem Hintergrund die soziale Komponente des Gaspelshofs und der dort entstandenen Kunst thematisieren zu können, geben neben den bisherigen Reflexionen aus der Wissenschaft, auch zahlreiche Primärquellen, die Werke selbst wie auch das Verfahren der Oral History besonders tiefgreifende und umfassende Einblicke.[18] Für die Forschungsarbeit zum Gaspelshof

13 Um das Bild des Einzelkünstlers auch begrifflich zu hinterfragen und diverse, plurale Identitäten einzubeziehen, verzichtet dieser Text nach der ersten Begriffseinführung auf das generische Maskulinum „Autorschaft". Dieses Vorgehen wird gleichsam auf weitere Begriffe angewandt.

14 Diese These ist von dem transdisziplinären Bezug verschiedener Texte auf Fotis Jannidis und Michael Wetzel abgeleitet.

15 Fischer, Christine: „Mediale Inszenierung geteilter Autor*innenschaften: Pauline Viardot-Garcìas Rollenporträts als Orphée (Paris, Disdéri, 1859)", in: *Journal of Literary Theory*, Jg. 16, Nr. 1, 2022, S. 99, https://doi.org/10.1515/jlt-2022-2018 (20. 3. 2025).

16 Beispielsweise Jocks, Heinz-Norbert: „Keine Subjektivität ohne Kollektivität. Wir waren immer kollektiv", in: *Kunstforum International*, Bd. 285, 2022, S. 48–61; Green, Charles: *The Third Hand. Collaboration in Art from Conceptualism to Postmodernism*, Minneapolis 2001; Ziemer, Gesa: „Komplizenschaft. Eine kollektive Kunst- und Alltagspraxis", in: Mader, Rachel (Hg.): *Kollektive Autorschaft in der Kunst. Alternatives Handeln und Denkmodell*, Bern u. a. 2012, S. 123–138; Wetzel, Michael: „Der Autor-Künstler", in: Hellmold, Martin et al. (Hg.): *Was ist ein Künstler? Das Subjekt der modernen Kunst*, München 2003, S. 229–241.

17 Beispielsweise Weiss, Judith Elisabeth: „Homi K. Bhabha. Die Documenta als ästhetisches Gemeingut. Gedanken zum globalen Kunstraum und zur Wirkung kollektiver Kunst", in: *Kunstforum International*, Bd. 283, 2022, S. 78–83; *Solidarische Räume & kooperative Perspektiven. Praxis und Theorie in Lateinamerika und Europa*, hg. vom Kollektiv Orangotango, Neu-Ulm 2010; Moherdaui, Luciana: „#PROTESTEMOS", in *Texte zur Kunst*, Nr. 124, Dezember 2021, S. 103–113.

18 Die Integration des sozialwissenschaftlich wurzelnden Verfahrens der Oral History etabliert sich zunehmend in der Kunstgeschichte. Mehr zu dieser Disziplinarität

wurden aus der Perspektive des Complete Observers und unter Reflexion des eigenen subjektiven Ausgangspunkts Gespräche mit Zeitzeug:innen geführt.[19] Das Erkenntnisinteresse richtet sich werkbasiert auf die Hintergründe und Diskurse pluraler Produkte, welche wechselseitig befragt werden.

Die Auswahl behandelter Werke erfolgte a priori aus ihrer größtmöglichen Unterschiedlichkeit und auf der Grundlage bekannten pluralen Produktionshintergrunds – identifiziert über die Aussage gemeinsamer Arbeit, der Darstellung mehrerer Beteiligter oder plurale Zuschreibung. Im Mittelpunkt stehen unter anderem die Ausstellungen *Original + Fälschung* und *Mu Nieltnam Netorruprup*, die Publikationen *Je.Nous/Ik.Wij* und *Day by Day … they take some brain away* als auch die *Telefonzeichnungen* und einzelne Fotografien.[20] Anhand dieser Kunstwerke und Ausstellungen werden exemplarisch variierende Äußerungen von Pluralität ausgemacht. Die Werkangaben richten sich nach den publizierten Forschungsständen.

Der inhaltliche Ausgangspunkt der Untersuchung ist gleichzeitig der Ursprung der kollektiv entstandenen Werke und Ideen: der Gaspelshof selbst. Ausgehend von der Analyse von Alltag und Arbeit und einer schlaglichtartigen Kontextualisierung fächert sich eine Vierteilung von Idee, Praxis, Initiierung und Sichtbarkeit auf.[21] Diese basiert auf den von Michael Wetzel als der singulären Autor:innenschaft inhärent genannten „juristische[n] (auctor), philosophische[n] (primum movens), religiöse[n] (creatio) aber auch biologische[n] (zeugung)" Facetten.[22] Diese Gliederung geht von dem singulären Modell, also von der Kategorie aus, in der sich Sigmar Polkes Werk in der Kunstgeschichtsschreibung befindet, um Pluralität als unbeschriebenes Potenzial aus dem Forschungsmaterial zu erschließen. „Wo beginnt und wo endet Zusammenarbeit?"

siehe Végh, Christina: „Art History und Oral History – eine schwierige Beziehung. Ein Plädoyer für Geschichten und Sprachen", in: Gelshorn, Julia (Hg.): *Legitimationen. Künstlerinnen und Künstler als Autoritäten der Gegenwartskunst*, hg. von Julia Gelshorn, Bern u. a. 2004 (= Kunstgeschichten der Gegenwart, Bd. 5), S. 87–105.
19 Ebd, S. 91 ff. Zu nennen sind Astrid Heibach, Katharina Steffen, Stephan Runge und Ernst Mitzka, welche auf individualisierte Fragenkataloge gestützt frei sprachen. Hinsichtlich subjektiver Wahrnehmung, vergangener Zwischenzeit und der Kontextabhängigkeit jeder Äußerung werden diese Aussagen hinterfragt und im Sinne von Indizien genutzt.
20 Aufgrund der uneindeutigen Setzung der Schrift „Je.Nous/Ik.Wij" auf dem Einband des Katalogs kursieren verschiedene Schreibweisen des Titels.
21 Der Begriff „Sichtbarkeit" ist von Ines Barner, Anja Schürmann und Kathrin Yacavone übernommen; Barner, Ines et al.: „Kooperation, Kollaboration, Kollektivität: Geteilte Autorschaften und pluralisierte Werke aus interdisziplinärer Perspektive", in: *Journal of Literary Theory*, 16. 1. 2022, S. 3–28.
22 Wetzel 2003, S. 233.

fragen Ines Barner, Anja Schürmann und Kathrin Yacavone.[23] Eine Frage, die nach der Akteur-Netzwerk-Theorie (ANT) durch die Analyse der kontextbedingten Handlung des Akteurs und der Effekte dieser verfolgt wird, anstelle die Antwort der Beschäftigung voranzustellen.[24] Die Bedeutsamkeit der Idee wird mit Fokus auf die innerhalb der 70er-Jahre entstandenen Arbeiten nachvollzogen. Dabei werden Werke in den Blick genommen, deren plurale Qualitäten augenscheinlich sind, sich jedoch im Bereich der Aneignung bewegend, bisher nicht mit pluraler Autor:innenschaft in Bezug gesetzt wurden.[25] Im Mittelpunkt stehen Bildvorlagen aus zweiter Hand und die Werkgruppe *Original + Fälschung* (1973/74). Die gemeinsame Praxis wird im vierten Kapitel zum Gegenstand. Anhand der Schilderung von Beteiligten und den Werken *Je.Nous/Ik.Wij* (1975) und *Day by Day … they take some brain away* (1975) sowie Fotoarbeiten wird die Werkgenese untersucht. Wie kollektive Prozesse initiiert wurden, welche sozialen Beziehungen sowie kontextuellen und konzeptuellen Bedeutsamkeiten für den Ursprung der betrachteten Werke prägend sind, zeichnet die Aktivitäten des Gaspelshof ebenso aus wie das Selbstverständnis der Künstler:innen. Die Äußerungen von Autor:innenschaft, also die interne oder externe Zuschreibung, mit der das Werk den Rezipierenden begegnet, zeichnen ein Bild der Bedingungen dieser Materialisierung arbeitsteiliger Prozesse als auch der Veränderungen und Chancen. Ein Ausblick auf die 80er-Jahre bündelt die gesammelten Erkenntnissen zu dem Begriff der Autor:innenschaft.

Die Begriffe der Pluralität und der Autor:innenschaft stehen sowohl zueinander in einem komplexen und dynamischen Verhältnis als auch zu ihrem Verwendungskontext. Der Begriff „Autor" ist durch literaturwissenschaftliche Kontexte geprägt, ufert jedoch seit der Veröffentlichung von Roland Barthes' Aufsatz „La mort de l'auteur" und Michel Foucaults Vortrag „Qu'est-ce qu'un auteur?" in andere Disziplinen wie der Kunstwissenschaft aus. Historisch ist Autor:innenschaft mit dem Konstrukt des „Künstlergenies" verwandt, das eine originelle, noch nicht da gewesene geistige Werkvorstellung erschafft.[26] Werk

---

23 Barner et al. 2022, S. 7.

24 Schröter, Jens: „Autorschaft aus dem Blickwinkel der Akteur-Netzwerk-Theorie", in: Wetzel, Michael (Hg.): *Grundthemen der Literaturwissenschaft: Autorschaft*, Berlin/Boston 2022, S. 626.

25 Zu den differenzierten Bedeutungen dieser Form der produktiven Weiterentwicklung des Werks einer Künstler:in durch eine andere siehe Gamper, Verena: „Aneignung als Dialog", in: *Remastered. Die Kunst der Aneignung/Remastered. The Art of Appropriation*, hg. von Florian Steininger/Verena Gamper, Ausst.-Kat. Kunsthalle Krems 2017/18, Köln 2017, S. 14–23.

26 Wilhelmi, Christoph: *Künstlergruppen in Deutschland, Österreich und der Schweiz seit 1900*, Stuttgart 1996, S. 3.

und Künstler:in schöpften somit ihren Wert aus ihrer Originalität und damit ihrer Individualität.[27] In diesem historischen Sinne ist Autor:innenschaft mit der personenspezifischen Begrenzung des Sprechens und Denkens über das Kunstschaffen verzahnt. Daniel Ehrmann spricht in der Literaturwissenschaft von einer „Hegemonie des Paradigmas individueller Autorschaft", die seit dem 18. Jahrhundert nachwirkt.[28] Auch in der Kunstwissenschaft wird der Nachhall des historischen, individuellen Konzepts beschrieben.[29] Die Historie gebärt folglich einen Begriff, der mit Pluralität augenscheinlich unvereinbar ist. Heute ist es die Theorie der Pluralität, die die Autor:innenschaft abstößt.[30] Verfasser:innen wie Rachel Mader und Michael Wetzel untersuchen plurale Kunstentstehung als Aussage gegen traditionelle Autor:innenschaft. So widersprüchlich diese Perspektiven auf Autor:innenschaft sind, fügen sie sich zu einer Wahrnehmungskategorie aus zeitgeschichtlichen Kontexten zusammen. Julia Gelshorn schreibt 2011 in „Autorfunktion und Kunstgeschichte – Einleitung": „Autorschaft – so lässt sich in jedem Falle folgern – ist nur als performative Wechselbeziehung zwischen Werk und unterschiedlichen historischen wie zeitgenössischen Begriffen und Kontexten beschreibbar und in ihren Funktionen analysierbar."[31] Auf der Grundlage dieser Historizität lässt sich argumentieren, dass nach multiplen theoretischen Toden und Auferstehungen der Autor:in die aktuelle Welle der Kollektivität Anlass für die Absage dieses Diskurses an die Erfassung eines Kunstwerks anhand seiner Autor:innenschaft gibt. Rachel Mader und Michael Wetzel, die die Metamorphose des Autor:innenbegriffs maßgeblich vorantreiben, geben seit wenigen Jahren zu bedenken, Kreativität und Kollektivität unabhängig von Autor:innenschaft

27 Ehrmann, Daniel: *Kollektivität. Geteilte Autorschaften und kollaborative Praxisformen 1770–1840*, Wien/Köln 2022 (= Literaturgeschichte in Studien und Quellen, Bd. 34), S. 102 f.

28 Ebd., S. 18.

29 Gerok-Reiter, Annette, et al.: „Einführung", in: Gropper, Stefanie et al. (Hg.): *Plurale Autorschaft. Ästhetik der Co-Kreativität in der Vormoderne*, Berlin/Boston 2023 (= Andere Ästhetik – Koordinaten, Bd. 2), S. XXI.

30 Mader, Rachel: „Jenseits von Autor:innenschaft? Kollektivität in der Kunst", in: Glaubitz, Nicola/Wesselmann, Katharina (Hg.): *Plurale Autorschaft. Formen der Zusammenarbeit in Schriftkultur, Kunst und Literatur*, Würzburg 2023, S. 205–222; Wetzel, Michael: „Einleitung", in: *Grundthemen der Literaturwissenschaft: Autorschaft*, hg. von Michael Wetzel, Berlin/Boston 2022, S. 3 f.

31 Gelshorn, Julia: „Autorfunktion und Kunstgeschichte – Einleitung", in: Fastert, Sabine/Joachimides, Alexis/Krieger, Verena (Hg.): *Die Wiederkehr des Künstlers. Themen und Positionen der aktuellen Künstler/innenforschung*, Köln/Weimar/Wien 2011 (= Kunst – Geschichte – Gegenwart, Bd. 2), S. 292.

wahrzunehmen und zu erfassen.[32] 2023 überschreibt Mader ihren Beitrag zum Sammelband *Plurale Autorschaft. Formen der Zusammenarbeit in Schrift-kultur, Kunst und Literatur* mit „Jenseits von Autor:innenschaft?"[33] Mit Blick auf die Nachkriegskunst aus Deutschland ergibt sich aus den Parametern von Autor:innenschaft der fließende Übergang zwischen Pluralität und Singulari-tät sowie das Anknüpfungspotential an westliche Kunstakteur:innen, die nach Gelshorn den Kontext der Produktion von Autor:innenschaft ausmachen.

Diesen Aspekt westlicher Rezeption von Kunst anhand der Kategorie der Autor:in formuliert Michel Foucault bereits 1969 in seinem bekannten Ar-tikel „Qu'est-ce qu'un auteur?":

> Der Autor ist nicht die unendliche Quelle an Bedeutungen, die ein Werk füllen; der Autor geht den Werken nicht voran, er ist ein bestimmtes Funktionsprin-zip, mit dem, in unserer Kultur, man einschränkt, ausschließt und auswählt; kurz gesagt, mit dem man die freie Zirkulation, die freie Handhabung, die freie Komposition, Dekomposition und Rekomposition von Fiktion behindert.[34]

Aus der Untersuchung der Funktion von Autor:innen ergibt sich in Folge die Frage nach ihren Wesen selbst. Eine Frage, dessen Bedeutsamkeit durch die Erweiterung dieser Instanz von einer Person zu mehreren Personen, Dingen und Einflüssen unterstrichen wird. In der Definition der Autor:in äußert sich in bestehendem Text eine deutliche Exklusivität, die in dem Erreichen dieses Status mitschwingt. Barthes unterscheidet in seiner rezeptionsästhetischen Absage an die Autor:in den „Scripteur" vom „Auteur" insofern, als dass Erste-rer mit der Entstehung des Texts ins Dasein gerufen wird, während Letzterer auch vorher und nachher existiert, in anderen Worten eine extradiegetische Biografie besitzt.[35] Dass Künstler:in nicht per se gleich Autor:in ist, lässt sich nach Rosalind Krauss unterstreichen. Rosalind Krauss hierarchisiert den Über-gang der Konzepte „Künstler" zu „Autor" 1985 als gestaffelten Prozess: „[...] one must go through certain steps to earn the right to claim the condition of being an author [...]".[36] Jüngere Literatur löst sich von dieser klassischen Wer-

---

32 Wetzel 2022, S. 3 f.

33 Mader 2023, S. 205–222.

34 Foucault, Michel: „Was ist ein Autor?", in: Jannidis, Fotis (Hg.): *Texte zur Theorie der Autorschaft*, Stuttgart 2000 (= Reclams Universal-Bibliothek, Bd. 18058), S. 228.

35 Barthes, Roland: „The Death of the Author", in: *Theories of Authorship*, hg. von John Caughie, London/Boston 1981, S. 210 f.

36 Krauss, Rosalind: *The Originality of the Avant-Garde and Other Modernist Myths*, Cambridge Mass./London 1985, S. 142.

tung von Handwerk und freier Kunst. Wetzel bezeichnet den Effekt des Konzepts der Autor:innenschaft darin, dass es Künstler:innen in zwei Funktionen gliedert: des physischen Handwerks und der psychischen „Werkherrschaft".[37] Die Ausführung des physischen Werkprozesses tritt demnach als Teil der Autor:innenschaft auf. Krauss' Verständnis der Funktion einer Autor:in lässt sich mit Wetzels Begriff der „Werkherrschaft" vergleichen, welcher die autoritäre Kontrolle eines Kunstproduktes durch eine Künstler:innen-Persona enthält. Zunehmend wird die problematische Anwendung dieser Kategorisierung offenbar, formuliert beispielsweise Geoffrey Batchen die offene Frage danach, wo Autor:innenschaft zwischen ausführendem Handwerk und kreativer Idee anzusiedeln ist.[38]

Eine weitere Entwicklung des jüngsten deutschsprachigen Diskurses um Autor:innenschaft und gezielt um plurale Autor:innenschaft wird in neuen Begrifflichkeiten sichtbar. Nachdem Begriffe unlängst uneindeutig und widersprüchlich verwendet worden sind, scheint der fundierte Vorschlag von Annette Gerok-Reiter Fuß fassen zu können.[39] Gerok-Reiter führt „plurale (oder auch multiple) Autorschaft" als Überbegriff für alle Entstehungssituationen ein, die mehrere Personen einbeziehen, ungeachtet dessen, ob diese Personen zeitgleich oder am selben Ort in diesen Prozess eingebunden sind.[40] Den Begriff der kollektiven Autor:innenschaft, der bis dato synonym genutzt wurde,[41] verwendet sie wie folgt:

37 Wetzel 2003, S. 232 ff.

38 Batchen, Geoffrey: „Photography and Authorship", in: *Still Searching*, Fotomuseum Winterthur, https://www.fotomuseum.ch/en/2012/10/07/photography-and-authorship (20. 3. 2025).

39 Nicola Glaubitz und Katharina Wesselmann haben den Begriff seitdem bereits aufgenommen; Glaubitz, Nicola/Wesselmann, Katharina: „Plurale Autorschaft: Formen der Zusammenarbeit in Schriftkultur, Kunst und Literatur", in: Glaubitz, Nicola/Wesselmann, Katharina (Hg.): *Plurale Autorschaft. Formen der Zusammenarbeit in Schriftkultur, Kunst und Literatur*, Würzburg 2023 (= Literatur in Wissenschaft und Unterricht, Neue Folge, 2023, Bd. 2), S. 136. Seit 2022 sind jedoch auch andere und durchaus widersprüchliche Definitionen vorgeschlagen worden, wie die von Stephan Pabst und Niels Penke. Sie nutzen den Begriff „kollektive Autor:innenschaft" als Überbegriff. Passiver Einfluss ist hier als „transindividuell" bezeichnet; Pabst, Stephan/Penke, Niels: „Kollektive Autorschaft" in: Wetzel, Michael (Hg.): *Grundthemen der Literaturwissenschaft: Autorschaft*, Berlin/Boston 2022, S. 413 f.

40 Gerok-Reiter 2023, S. XXIX.

41 Mader, Rachel: „Einleitung", in: *Kollektive Autorschaft in der Kunst. Alternatives Handeln und Denkmodell*, hg. von Rachel Mader, Bern u. a. 2012, S. 7–19; Pabst/Penke 2022; Barner et al. 2022; *Kollektive Kreativität*, hg. von René Block, Ausst.-Kat. Kunsthalle Fridericianum, Kassel, Frankfurt am Main 2005.

Unserer Systematik zufolge beschreibt *kollektive Autorschaft* in der Regel das Zusammenwirken von mehr als zwei auktorialen Instanzen, oft größeren Gruppen, die im weitesten Sinne synchron an einem Werk arbeiten. Der Unterschied zu kollaborativer Autorschaft besteht darin, dass die Beteiligten nicht gemeinsam, das heißt ohne unmittelbare Interaktion, arbeiten müssen.[42]

Neben dem klaren Vorteil der Perspektive einer übergreifenden Begrifflichkeit spricht für diese Unterscheidung, dass „plurale Autor:innenschaft" in dieser Verwendung im Vergleich zu „kollektiver Autor:innenschaft" vergleichsweise wenig mit starren Formen des künstlerischen Zusammenschlusses, wie dem Kollektiv, assoziiert wird. Gleichzeitig erschwert die Verwendung des Begriffs „plurale Autor:innenschaft" die Anbindung an den internationalen englischsprachigen Diskurs, der so die Übersetzung von „collective" zu „plural" voraussetzt.[43]

---

42 Gerok-Reiter et al. 2023, S. XXX.

43 Weder im deutschsprachigen noch im englischsprachigen Diskurs gibt es Konsens bezüglich der Bewertung des Wortes „Kollaboration". Während Terkessidis „collaboration" positiv besetzt sieht, listet Grant H. Kester zu den Begriffen „collaboration", „collectivity" als auch „cooperative" Verbindungen zu Gewalt und Unfreiwilligkeit; Kester, Grant H.: *The One and the Many. Contemporary Collaborative Art in a Global Context*, Durham/London 2011, S. 2; Terkessidis, Mark: *Kollaboration*. Berlin 2015 (= Edition Suhrkamp, Bd. 2686), S. 7.

Formen von Pluralität am
und um den Gaspelshof

Wohnort und Freundeskreis sind in erster Linie persönliche Entscheidungen oder die Ergebnisse zufälliger Umstände. Bei Künstler:innen liegt jedoch das Vermischen von Freizeit und Beruf nahe.[44] Im Fall des Gaspelshofs ist der Wohnort gleichzeitig Atelier und Kontaktraum für Galerist:innen, Sammler:innen, Kritiker:innen und andere Künstler:innen. Sigmar Polkes ehemalige Partnerin Mariette Althaus beschreibt eine Zweiteilung des Gebäudes in den Wohnbereich im Obergeschoss und Polkes Atelier im unteren Stockwerk. Hier habe er sich stundenlang allein aufgehalten, ohne dass sie ihn gesehen habe.[45] Dass Wohn- und Arbeitsbereich jedoch nicht hermetisch getrennt waren, zeigen Fotografien. Die Arbeiten mit dem Titel *Toulouse Lautrec: Die Büglerin und die Trinkerin* aus dem Künstlerbuch und Katalog *Franz Liszt kommt gern zu mir zum Fernsehen* zeigen Mariette Althaus und die befreundete Katharina Sieverding an einem kleinen runden Tisch affektiert Wein trinken und bügeln. Sieverding bügelt Hose oder Rock, welche sie gerade noch getragen zu haben scheint, denn ihre Beine sind nackt. Währenddessen trinkt Althaus Wein – mal mit abgespreiztem Finger, mal gleichzeitig Glas und Flasche ansetzend. Diese Szene, wie sie in der niederländischen Genremalerei existieren könnte, ist von zwei Leinwänden umgeben. Eine lässt sich als Malerei Polkes identifizieren. Der Raum, der vorher Polkes alleiniges Atelier war, verwandelte sich folglich zeitweise in einen Treffpunkt, während die Spuren der zuvor produzierten Kunst noch im Raum waren. Die „ernsten, stillen Saufgelage",[46] die Peter Breslaw in der Fortsetzung des eingangs zitierten Texts beschreibt, verbinden sich mit der entstandenen Kunst und verwischen die Grenzen von Kunst und Alltag zur Unkenntlichkeit. Die spätere Partnerin Polkes, Katharina Steffen, be-

44 Graw, Isabelle: *Der große Preis. Kunst zwischen Markt und Celebrity Kultur*, Köln 2008, S. 128.
45 Videoaufnahme eines Gesprächs zwischen Mariette Althaus und Anna Polke, Archiv der Anna Polke-Stiftung.
46 Breslaw 1977, o. S.

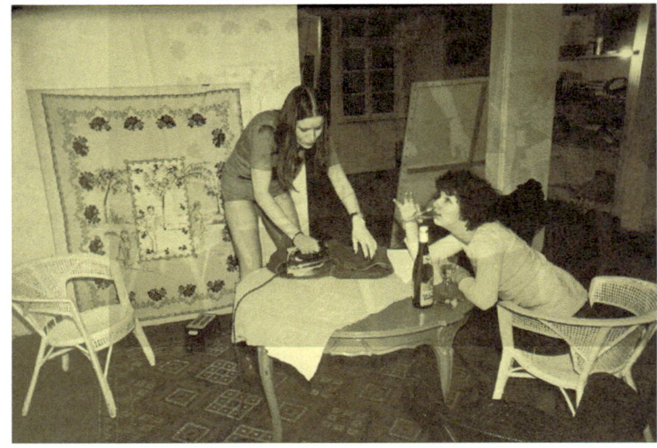

1 Sigmar Polke/ Achim Duchow: „Toulouse Lautrec: Die Büglerin und die Trinkerin", in: *Franz Liszt kommt gern zu mir zum Fernsehen. Sigmar Polke, Achim Duchow*, 1973.

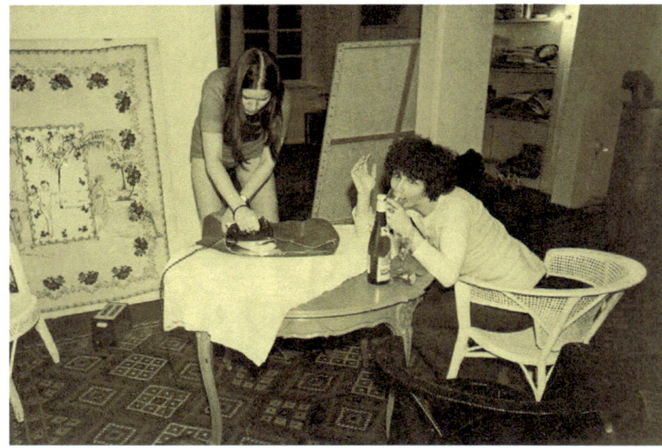

2 Sigmar Polke/ Achim Duchow: „Toulouse Lautrec: Die Büglerin und die Trinkerin", in: *Franz Liszt kommt gern zu mir zum Fernsehen. Sigmar Polke, Achim Duchow*, 1973.

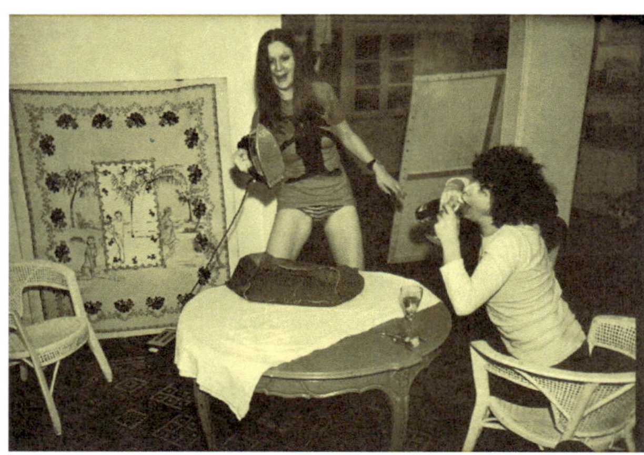

3 Sigmar Polke/ Achim Duchow: „Toulouse Lautrec: Die Büglerin und die Trinkerin", in: *Franz Liszt kommt gern zu mir zum Fernsehen. Sigmar Polke, Achim Duchow*, 1973.

schreibt den Gaspelshof als „morphogenetisches Feld", innerhalb dessen die Kunst zum Lebenselixier geworden sei.[47] (Abb. 1–3)

Annäherung an den Gaspelshof

Seit den 70er-Jahren spinnt sich eine Legendenbildung um den Gaspelshof, die auf das Bild einer alternativen Lebensweise gestützt, Begriffe wie den der „Kommune" reproduziert, welche dem Gaspelshof in ihrer polithistorischen Aufladung widersprechen.[48] In erster Linie bieten Zeitungen und Oral History den Nährboden für diese Bilder,[49] doch auch wissenschaftliche Publikationen fördern die Vereinfachung aus zweiter Hand. Carl Vogel und Eberhard Freitag beispielsweise schreiben 1975 „[Polke] lebt, reist, ja arbeitet in Kommune",[50] welches Isabelle Graw 1993 als Quelle dazu dient, Polkes biografischen Abschnitt der 70er-Jahre in *Texte zur Kunst* über die „Kommune" zusammenzufassen.[51] Noch in den 00er-Jahren finden sich Schilderungen, die dem inhaltlich entsprechen.[52]

Im Jahr 1972 zogen Sigmar Polke und seine Partnerin Mariette Althaus gemeinsam auf den Gaspelshof in Willich, auf den sie über Bekannte aufmerksam geworden waren.[53] Nach der Trennung von der Mutter seiner zwei Kinder lebte Polke mit Althaus übergangsweise in einer Wohnung im Zentrum

47 Persönliche Korrespondenz mit Katharina Steffen.
48 Die faktenunabhängige Verwendung des Begriffs der Kommune assoziiert insbesondere über die Brücke der 70er-Jahre die „Kommune-Bewegung" um die linksradikale Kommune I, von der aus „Wege sowohl zur Bewegung 2. Juni wie zur RAF [führen]"; Siepmann, Eckhard: „Zur Konzeption des Projekts", in: *Nilpferd des höllischen Urwalds. Spuren in eine unbekannte Stadt. Situationisten, Gruppe SPUR, Kommune 1. Ein Ausstellungsgeflecht des Werkbund-Archivs Berlin zwischen Kreuzberg und Scheunenviertel*, hg. von Wolfgang Dreßen, Ausst.-Kat. Werkbund-Archiv, Berlin, Giessen 1991 (= Werkbund-Archiv, Bd. 24), S. 14.
49 U. a. Paromkin, Sergej: „Der Gaspelshof und Sigmar Polke", in: *Willich Kompakt*, Nr. 6, 2015, S. 14–17.
50 Freitag/Vogel 1975, S. 7.
51 Graw 1993, S. 85.
52 U. a. Gelshorn, Julia: „Sigmar Polke", in: Freybourg, Anne Marie (Hg.): *Die Inszenierung des Künstlers*, Berlin 2008, S. 25–30; Adriani 2007; „Gespräche mit Zeitzeugen. Erhard Klein", in: *Sigmar Polke. Photographs (1964–1990)*, hg. von Silke Lemmes/ Bianca Quasebarth, Ausst.-Kat. Sies + Höke, Düsseldorf, Kicken Berlin, Berlin 2021/22, Bönen/Westfalen 2021, S. 108.
53 Ebd.

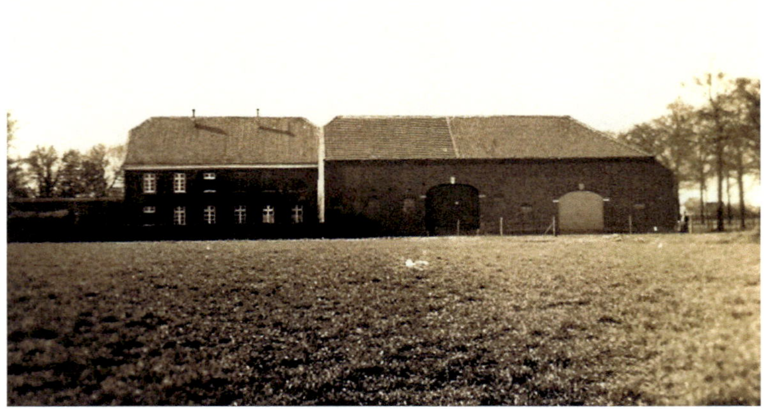

4 Blick auf den Gaspelshof von Seiten der Straße und des anliegenden Felds,
ca. 1970er-Jahre.

Kölns und suchte eine räumliche Vergrößerung außerhalb der Stadt.[54] Der
ehemalige Bauernhof verfügte über ein mehrstöckiges Herrenhaus mit zwölf
Zimmern, welches von einem Nutzgarten und ehemaligen Stallungen umgeben war.[55] Im Erdgeschoss des Wohnhauses und in den Anbauten nutzte Sigmar Polke Räume als Atelier.[56] Zudem verfügte er im Gaspelshof das erste Mal
über eine eigene Dunkelkammer für die Entwicklung und die Experimente an
seinen fotografischen Arbeiten.[57] Anfangs lebte das Paar hier zu zweit. Zeitnah
wurde den befreundeten Künstler:innen Katharina Sieverding und Klaus Mettig ein Zimmer eingerichtet, welches sie bei Besuchen nutzen konnten.[58] Laut
Mariette Althaus waren Aufenthalte anderer Bekannter, die über den Abend
hinausgingen, durch ihre weite Rückreise aus Willich bedingt.[59] Im Laufe der

54 Ebd.

55 Persönliche Korrespondenz mit Peter Wynands. Für weiterführende Informationen zur Vergangenheit des Gaspelshofs siehe Paromkin 2015, S. 14–17.

56 Videoaufnahme eines Gesprächs zwischen Mariette Althaus und Anna Polke,
Archiv der Anna Polke-Stiftung.

57 Ebd.; zu beispielhaften Experimenten der 70er-Jahre siehe Seegers, Ulli: „Pakistan
and Beyond. Über Sigmar Polkes Orientfotografie und transkulturelle Zwischenräume", in: *Sigmar Polke. Road Trip through the Middle East. Pictorial Photography
from Afghanistan and Pakistan*, hg. von Sies + Höke/Kicken Berlin, Ausst.-Kat. Sies +
Höke, Düsseldorf 2020, S. 12 ff.

58 Videoaufnahme eines Gesprächs zwischen Mariette Althaus und Anna Polke,
Archiv der Anna Polke-Stiftung.

59 Ebd.

Jahre auf dem Gaspelshof sollte insbesondere Achim Duchow eine wichtige Rolle einnehmen, welcher seit 1971 in Polkes Klasse an der HFBK Hamburg studierte und seinen Lebensschwerpunkt auf den Gaspelshof verlegte. Wie Petra Lange-Berndt und Dietmar Rübel in Duchows Werkverzeichnis festhalten, ist der Gaspelshof jedoch nur einer von mehreren Kulissen: „In den 70er Jahren [...] bewegte sich Achim Duchow hauptsächlich innerhalb diverser Off-Szenen in der Hansestadt, im Rheinland oder in der Schweiz [...].“[60]

Zu Veränderungen kam es um 1974 mit Polkes Trennung von Mariette Althaus und der folgenden Beziehung zu der erst in Bern, dann in Zürich lebenden Katharina Steffen.[61] Seit Ende der 1960er-Jahre war Polke bereits häufig in der Schweiz, welches über die 70er-Jahre weiter zunahm.[62] Kurz zuvor, ab Jahreswechsel 1973/74, wurde Stephan Runge auf dem Gaspelshof wohnhaft, um den Hof zu betreuen, während Polke verreist war.[63] Astrid Heibach verbrachte ebenfalls zunehmend Zeit am Gaspelshof, dabei wahrte sie jedoch im Gegensatz zu Duchow ihren Hauptwohnsitz in Düsseldorf. Mitte des Jahrzehnts beherbergte der Gaspelshof temporär auch Sigi Krauss, nachdem das Gallery House in London, dessen Gründer er war, geschlossen hatte.[64] Es ergibt sich folglich ein Flickenmuster verschiedener Aufenthalte im großzügigen Gebäude, statt eines geplanten gemeinsamen Wohnprojekts. Stephan Runge betont Polkes offene und positive Art auf Personen zuzugehen,[65] die ein Netzwerk aus Freund:innen um ihn spann. Diese Eigenschaft verband sich mit der Wirkungsweise des Gaspelshofs, denn das abseits gelegene, mehrstöckige

---

60 Lange-Berndt, Petra/Rübel, Dietmar: „Leben und Arbeiten im Plural. 1971–1978“, in: *Achim Duchow. Blindes Vertrauen. Werkverzeichnis 1971–1993*, hg. von Max Schulze/Lili Helena Duchow/Barbara Lange-Duchow (Estate Achim Duchow), Düsseldorf 2023, S. 61.

61 Imhof, Dora: „Bezüge und Beziehungen“, in: *Sigmar Polke und die 1970er Jahre. Netzwerke, Experimente, Identitäten*, hg. von Joseph Imorde/Eva Schmidt/Christian Spies, Ausst.-Kat. Museum für Gegenwartskunst Siegen, Siegen 2019, S. 83; Zweifel, Stefan: „Le Don du Rien – Kreationen aus Nichts. Gespräch mit Katharina Steffen“, in: *Ausbruch & Rausch, Frauen Kunst Punk. 1975–1980*, hg. von Bice Curiger/Stefan Zweifel, Ausst.-Kat. Museum Strauhof, Zürich 2020, S. 189.

62 Imhof 2019, S. 75. In einigen Publikationen der 70er-Jahre wird Zürich sogar als einer seiner Wohnorte angegeben, siehe *Sigmar Polke. Bilder, Tücher, Objekte. Werkauswahl 1962–1971*, hg. von Benjamin Buchloh, Ausst.-Kat. Kunsthalle Tübingen, Tübingen, Kunsthalle Düsseldorf, Düsseldorf, Stedelijk van Abbe-Museum, Eindhoven, Köln 1976; mehr zur Vernetzung der Kunstszenen Düsseldorfs zur Schweiz bei Imhof 2019.

63 Persönliche Korrespondenz mit Stephan Runge.

64 Persönliche Korrespondenz mit Astrid Heibach.

65 Persönliche Korrespondenz mit Stephan Runge.

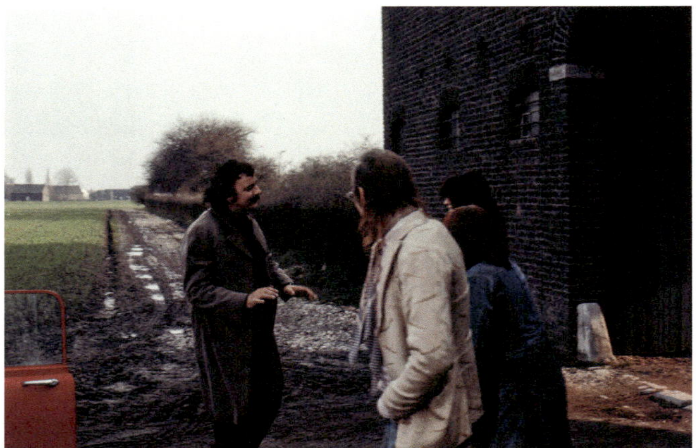

5 Achim Duchow: „Friends of the Seventies", ca. 1976, digitale Farbprints
von 2017, 20 × 30 cm.

Haus habe sich, wie Katharina Steffen formuliert, nicht gerade dazu angebo-
ten, dort allein zu wohnen.[66] Die offene Art Polkes, freie Zimmer anzubieten,
und das häufige gemeinsame Auftreten des Netzwerks wurden auch von
außen wahrgenommen. Das veranlasste Freitag und Vogel zu ihrer Beschreibung Sigmar Polkes: „Er ist selten allein. Vereinzelte, individualistische Exis-
tenz [...] sind nicht seine Sache."[67]

Die Fülle an Fotografien, die in den 70er-Jahren entstand, gibt einen
Einblick in die gemeinsame Zeit am Gaspelshof. Eine dieser Fotografien von
ca. 1976, die zu Achim Duchows Fotoserie *Friends of the Seventies* gehört, zeigt
den Maler Markus Lüpertz, wie dieser mit offener Autotür vor dem Gaspelshof
steht und von Sigmar Polke und zwei Frauen (womöglich Jule Kewenig) be-
grüßt oder verabschiedet wird (Abb. 5). Eine Szene, die Einblick in die Funktion Sigmar Polkes als Gastgeber und die des Gaspelshofs als Treffpunkt für
verschiedene Kunstszenen gibt. Aus der Interaktion von Lüpertz mit der Frau,
die als Jule Kewenig, ehemals Jule Lüpertz, identifiziert werden kann, lässt
sich bereits erahnen, dass die Verbindungslinien des Netzwerks um den Gaspelshof nicht ausschließlich direkt von Polke ausgingen. Auf einer anderen
Fotografie sitzen Katharina Steffen und Karin Polke in gemütlicher Atmo-
sphäre beisammen. Mit der titellosen Fotografie aus dem Jahr 1975 hält Sigmar
Polke die Mutter seiner Kinder und seine aktuelle Partnerin im Willicher Gar-

---

66 Persönliche Korrespondenz mit Katharina Steffen.
67 Freitag/Vogel 1975, S. 7.

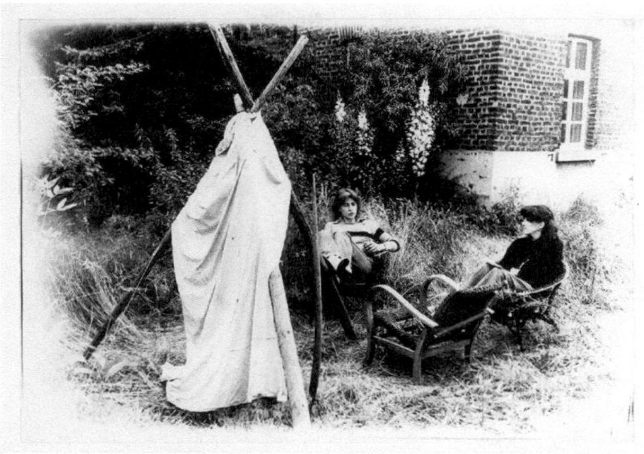

6 Sigmar Polke: „ohne Titel (Willich)", 1975, Fotografie, 21 × 30 cm.

ten fest, umgeben von wüsten Gräsern und ungemähtem Gras vor der Backsteinfassade des Gaspelshofs. Die zwei Frauen sitzen in Korbstühlen einander zugewandt, offensichtlich im Gespräch. Vor ihnen zitieren Stöcke mit einer sie umgebenden Plane ein Tipi, eine traditionelle Behausung nordamerikanischer indigener Völker. Man sieht hier einen Ausschnitt von Sigmar Polkes Familie zwar klassisch vor dem Wohnhaus, jedoch in Inszenierung der Abkehr vom Spießbürgertum und der Zuwendung zu einem Thema, das er im selben Jahr mit der Ausstellung *Mu nieltnam netorruprup* weiterverfolgte (Abb. 6).

Künstler:innen um den Gaspelshof fingen in dieser Zeit nicht erstmalig an, gemeinsam auszustellen oder Film und Foto in geselligen Kontexten zu nutzen. Insbesondere Sigmar Polke hat vorher gemeinsam mit anderen Künstler:innen gearbeitet. In den 60er-Jahren agierte er mit Konrad Lueg und Gerhard Richter unter dem Namen „Kapitalistischen Realismus" und arbeitete ebenso mit Richter zu zweit.[68] Dieser betont die Bedeutung und das Potenzial, das er im Austausch sah, und führt aus, dass auch Ideen gemeinsam entwickelt wurden.[69] Insbesondere in den Jahren 1963/64 fanden nun mehr bekannte

68 *Polke/Richter. Richter/Polke. Galerie h, Hannover, 1. bis 26. März 1966. Katalog, Entwürfe, Fotografien, Dokumente*, hg. von Dietmar Elger, Ausst.-Kat. Gerhard-Richter-Archiv, Staatliche Kunstsammlungen Dresden, Dresden [anlässlich der Ausstellung „Polke/Richter. Dokumentation einer Ausstellung" des Gerhard-Richter-Archiv im Albertinum], Köln 2014.
69 Richter, Gerhard: „Notizen 1964(–1967)", in: Elger, Dietmar/Obrist, Hans Ulrich (Hg.): *Gerhard Richter: Text 1961 bis 2007. Schriften, Interviews, Briefe*. Köln 2007, S. 23.

Ausstellungen zu dritt statt, wie 1964 im Außenraum der Galerie Parnass.[70] Darüber hinaus entstanden auch einzelne Werke in gemeinsamer Arbeit. Zu nennen ist beispielsweise die Edition *Umwandlung* mit dem Untertitel *5 Phasen einer von Polke und Richter vorgenommenen Umwandlung. Das Massiv wurde am 26. April 68 für die Dauer von 2 Stunden in eine Kugel verwandelt.* aus dem Jahr 1968. Hubertus Butin sieht diese professionelle Symbiose auf der Basis einer engen Freundschaft als Faktor für den Anstieg der Karrieren der zwei Künstler im Verlauf der 60er-Jahre.[71] Gleichzeitig mit dem Umzug Polkes nach Willich, ebbte die Freundschaft und somit die Zusammenarbeit ab. Butin führt das neben einer Entfremdung auf persönlicher Ebene ebenfalls auf die wachsende Wahrnehmung von Konkurrenz auf beruflicher Ebene zurück.[72] Mit Christof Kohlhöfer schuf Sigmar Polke die Arbeiten *Feuer* (1967), *Höhere Wesen befahlen* (1968) und *Der ganze Körper fühlt sich leicht und möchte fliegen* (1969). Letztere ist Polkes erste Videoarbeit und offenbart nach Barbara Engelbach einen stilistischen Einfluss durch Kohlhöfers Erfahrungen mit dem Trickfilm.[73] Zu sehen ist Polke in der Interaktion mit Küchenutensilien, die kontextfremd Einsatz in „spiritistischen oder parawissenschaftlichen" Handlungen finden.[74]

Organisationen westlicher Kunstproduktion der 50er- bis 70er-Jahre

Die westliche Kunst wird von singulärer Autor:innenschaft bestimmt.[75] Und doch gibt es punktuell plurale Momente, die sich in der Kunstgeschichte abzeichnen. Das Gros dieser unterscheidet sich grundlegend von der Situation am Gaspelshof. Konstellationen gemeinsamer künstlerischer Praxis haben in den letzten Jahrhunderten unterschiedliche Formen angenommen, die sich

---

70 Butin, Hubertus: „Gerhard Richter und Sigmar Polke – Eine Künstlerfreundschaft als mikrosoziales System", in: Gelshorn, Julia (Hg.): *Legitimationen. Künstlerinnen und Künstler als Autoritäten der Gegenwartskunst*, hg. von Julia Gelshorn, Bern u. a. 2004 (= Kunstgeschichten der Gegenwart, Bd. 5), S. 47 f.
71 Ebd., S. 50.
72 Ebd., S. 53 f.
73 Engelbach, Barbara: „Zwischen Praxis und Produkt. Polkes Filme", in: *Alibis. Sigmar Polke 1963–2010*, hg. von Kathy Halbreich et al., Ausst.-Kat, Museum Ludwig, Köln, [anlässlich der Ausstellung „Alibis. Sigmar Polke. Retrospektive"], München 2015, S. 150.
74 Ebd., S. 153.
75 Lange-Berndt/Rübel 2017, S. 42.

jeweils mit den Arbeitsbedingungen und gesamtgesellschaftlichen Entwicklungen in Verbindung bringen lassen.[76] In der westdeutschen Nachkriegszeit wird der pluralen Arbeit ein hoher Stellenwert zugeschrieben. Sie gilt als Mittel um sich durch die karge Kulturlandschaft zu manövrieren und einen Umgang mit der neusten Vergangenheit und dem Einfluss dessen auf die Kunst zu verhandeln.[77] 1958 schreibt Albert Schulze-Vellinghausen: „So nimmt es nicht wunder, daß sie denn – bei allem Hang sich zu isolieren – Gemeinschaften bilden, um die Kräfte zu sammeln und aneinander zu messen".[78] Künstler:innen organisierten sich laut Schulze-Vellinghausen in „Gemeinschaften auf der lockeren Basis ähnlicher ‚Interessen'".[79] Zeitgleich ist die „Künstlergruppe" im 20. Jahrhundert eine prägende Organisationsform gemeinsam arbeitender Künstler:innen.[80] Künstler:innengruppen unterliegen keiner eindeutigen Definition,[81] jedoch stellen Publikationen verbindende Charakteristika heraus, wie Mitgliederlisten,[82] einen Namen der Vereinigung,[83] sowie eine geteilte Ideologie, ein „kritische[s] Anliegen" oder Manifest.[84] Bekannte Beispiele der Kunstgeschichte, wie SPUR oder ZERO, bestanden vom Ende der 50er-Jahre bis in die 60er-Jahre, doch auch noch in den 70er-Jahren existieren Gruppierungen von Künstler:innen, auf die sich die genannten Charakteristika anwenden lassen. Gruppe Axiom, Gruppe Syn und Gruppe 9 gestalteten Publikationen, die in ähnlichem Stil jeweils eingangs ihr eigenes Werk in den Kontext zeitgenössischer Kunst einordnen oder auch extern einordnen lassen und daraufhin Werkabbildungen nach Künstler:innen sortieren.[85] Arbeitsteilig entstandene Werke kommen darin nicht vor.

76 Kernliteratur dazu: Zimmer, Nina: *SPUR und andere Künstlergruppen. Gemeinschaftsarbeit in der Kunst um 1960 zwischen Moskau und New York*, Berlin 2002.
77 Schulze-Vellinghausen, Albert/Schroeder, Anneliese: *Deutsche Kunst nach Baumeister. Junger Westen; eine Anthologie in Bildern*, Recklinghausen 1958, S. 9.
78 Ebd.
79 Ebd.
80 Wobei die jüngste Forschung einige als Künstler:innengruppen bezeichnete Gruppierungen ebenfalls von diesem Begriff trennt; Mühling, Matthias: „Gruppendynamik – Der blaue Reiter", in: *Gruppendynamik. Der Blaue Reiter*, Ausst.-Kat. Lenbachhaus, München 2021/22 [anlässlich der Ausstellung „Gruppendynamik – Kollektive der Moderne"], Berlin 2021, S. 16.
81 Wilhelmi 1996, S. VII-1.
82 Mühling 2021, S. 16.
83 Rötzer, Florian: „Von der Utopie einer Kollektiven Kunst", in: *Kunstforum International*, Bd. 116, 1991, S. 75.
84 Ebd., S. 72.
85 *Gruppe Axiom. Feuser, Finkeldei, Rissa, Scheel, Tadeusz*, Ausst.-Kat. Axiom, Galerie für Moderne Kunst, Köln 1977; Ertel, Kurt Friedrich: „In Sachen der modernen Kunst",

Plurale künstlerische Praxis außerhalb klarer Organisationsformen findet kaum Eingang in die Kunstgeschichte oder tut es nur, wenn ihr eine solche Struktur übergestülpt wird. Magdalena Holdar beobachtet, dass künstlerische Zusammenarbeit statt in Ausstellungen und Katalogen, in Archiven und Autobiografien aufzufinden ist.[86] In *Fluxus as a Network of Friends, Strangers, and Things. The Agency of Chance Collaborations* beschreibt sie die künstler:innenseitige Organisation von Veranstaltungen der Fluxus-Bewegung. Unter anderem beschreibt Holdar Events, die La Monte Young und Yoko Ono 1961 in ihrem New Yorker Loft veranstalteten.[87] Hier kamen gattungsübergreifend Künstler:innen der Musik, Performance- und Konzeptkunst im privaten Raum zusammen – eine Form der künstlerischen Gemeinschaft und Vernetzung sowie Schaffung außerinstitutioneller Kunstorte, die im New York der 60er-Jahre nach Kirsten Maar und Fiona McGovern häufig vorkamen. Sie attestieren diese Verbindung von „produktive[n] Arbeitsstätten und informellen Aufführungsorte[n]" dem vergleichsweise niedrigen Mietpreis der New Yorker Lofts.[88] Das Zusammenkommen verschiedener Künstler:innen und die Synergie verschiedener Medien und Subkulturen beschreibt Andreas Beitin ebenfalls als Eigenschaft der 70er-Jahre:

> In enger Verbindung und im Austausch zu unterschiedlichen subkulturellen Szenen, aber auch zu Künstler*innen aus der Musik-, Film- oder Performanceszene fanden Kunstschaffende zusammen, für die das Arbeiten an gemeinsamen Bildern nicht nur gewesen ist, sondern für einige Jahre zum kontinuierlichen Selbstverständnis, ja zu einem konstitutiven Element ihrer Identität wurde.[89]

in: *In Sachen der modernen Kunst*, Ausst.-Kat. Gruppe 9, Gießen 1976, o. S.; Honnef, Klaus: „Malerei zwischen antagonistischen Polen", in: *Gruppe Syn*, hg. von Klaus Honnef, Ausst.-Kat. Gegenverkehr e. V., Zentrum für aktuelle Kunst, Aachen 1970, o, S.

86 Holdar, Magdalena: *Fluxus as a Network of Friends, Strangers, and Things. The Agency of Chance Collaborations*, Leiden/Boston 2023, S. 158.

87 Ebd.

88 Maar, Kirsten/McGovern, Fiona: „Gemeinsam zwischen den Künsten. Kollaborative Ansätze in Produktion und Präsentation von Musik, Tanz und bildenden Künsten seit den 1960er Jahren", in: Bushart, Magdalena/Haug, Henrike (Hg.): *Geteilte Arbeit. Praktiken künstlerischer Kooperation*, Wien/Köln/Weimar 2020 (= Interdependenzen, Bd. 5), S. 190.

89 Beitin, Andreas: „Werner Büttner/Luciano Castelli/Rainer Fetting/Martin Kippenberger/Albert Oehlen/Salomé", in: *Freundschaften. Amitiés. Gemeinschaftswerke von Dada bis heute*, hg. von Blandine Chavanne et al., Ausst.-Kat. Musée des Civilisations de l'Europe et de la Méditerranée (MuCEM), Marseille, Kunstmuseum Wolfsburg, Wolfsburg 2022/23, Berlin 2023, S. 245.

Zentral ist die Freund:innenschaft oder Partner:innenschaft der Akteur:innen, die als Bindeglied auftritt.[90] Wie am Gaspelshof als auch bei diesem schlaglichtartigen Beispiel der Fluxus-Bewegung war die zwischenmenschliche Beziehung Faktor dessen, wer Teil von nichtinstitutionellen Veranstaltungen wurde. Soziale Gefüge, unabhängig davon, ob es sich um lose Netzwerke oder Künstler:innengruppen handelt, sind natürlicherweise von einer „Konfliktanfälligkeit" betroffen, die neben den Eintritt in das Gefüge auch den Austritt beeinflussen können.[91] Genauso sticht die pragmatische Möglichkeit des Zusammenkommens und damit der Raum als Bedingung ins Auge.

Obwohl die Künstler:innen um den Gaspelshof unter dem Namen „Gruppe Polke und Co." oder „Gruppe Polke Duchow und Co." bekannt sind, war dies kein Name, mit dem sie sich als feste Konstellation oder gar Künstler:innengruppe auswiesen. Darüber hinaus lässt sich aufgrund verändernder Konstellationen kein klar begrenztes homogenes Gefüge bezeichnen. Im öffentlichen Auftritt des Netzwerks aus Freund:innen und Bekannten wird die Diversität von außen wahrgenommen und beispielsweise wie folgt bezeichnet: „eine wilde Entourage aus Künstlern, Schauspielern, Halbwelt, Rockern sowie Zürcher und Düsseldorfer Szene".[92] Dietmar Rübel und Petra Lange-Berndt zeichnen Bezüge zu Jean-Luc Nancys Buch *Être singulier pluriel* von 1996.[93] Mit Nancys Kernaussage, jedes Einzelne koexistiere gleichzeitig,[94] unterfüttern Rübel und Lange-Berndt die Beschreibung von Künstler:innenkonstellationen, die innerhalb von Szenen mit einem hohen Maß an Austausch situativ zusammenkommen und auch wieder auseinandergehen.[95] Die Ausformungen künst-

---

90 Ebd., S. 245 f.

91 Barner 2022, S. 19.

92 Rübel, Dietmar: „Niederschlag des Lebens. Bildprozessoren in Düsseldorf, Willich und Zürich", in: *Memorizer. Der Sammler Andreas Züst*, hg. von Stephan Kunz, Ausst.-Kat. Aargauer Kunsthaus, Aarau, Zürich 2009, S. 129 f.

93 Lange-Berndt, Petra/Lindermann, Isabelle: „Kollektive Energien in der Kunst. 1968 bis heute", in: Lange-Berndt, Petra/Lindermann, Isabelle (Hg.): *13 Beiträge zu 1968. Von künstlerischen Praktiken und vertrackten Utopien*, Bielefeld 2022, S. 7–25; Lange-Berndt, Petra/Rübel, Dietmar: „Modernity Killed Every Night! Soziotope in den 1970er-Jahren", in: *Ausbruch & Rausch, Frauen, Kunst, Punk. 1975–1980*, hg. von Bice Curiger/Stefan Zweifel, Ausst.-Kat. Museum Strauhof, Zürich 2020, S. 229; Lange-Berndt, Petra/Rübel, Dietmar: „Medienvampire. Sigmar Polkes intermediale Praxis", in: *Sigmar Polke. Film und Kunst*, hg. von Barbara Engelbach/Ursula Frohne, Ausst.-Kat. Museum Ludwig, Köln 2015 [anlässlich der Ausstellung „Alibis. Sigmar Polke. Retrospektive"], Köln 2016, S. 61.

94 Nancy, Jean-Luc: *Singulär plural sein*, durchgesehene Neuaufl., Berlin 2012 (= Transpositionen, Bd. 16), S. 58–61.

95 Lange-Berndt/Rübel 2020, S 229.

lerischen Zusammenkommens sind jeweils individuell und durch die spezifischen Dynamiken nicht in eine Schublade zu stecken. Der ehemalige Bonner Galerist Erhard Klein betont, in den 70er-Jahren kein Netzwerk gekannt zu haben, das der Dynamik um den Gaspelshof geähnelt habe.[96] So verschieden künstlerische Pluralität sich ausformt, verbindet die Zusammensetzungen, dass sie nicht in berufliche und private Kontakte filtriert werden können. Noch in den 80er-Jahren scheint die Notwendigkeit für lose Netzwerke bestanden zu haben, sich von starren Künstler:innengruppen abzugrenzen, wie beispielsweise für die „Mülheimer Freiheit". Walter Dahn, welcher Teil dieser war, spricht sich gegen die Bezeichnung der Gruppe aus, und Wilfried Dickhoff hebt die Offenheit des Zusammenkommens hervor: „Es gab kein Statut, keine Utopie, keine Ein- und Ausschlußverfahren und auch keine Mitgliedschaft. Als Gruppe definierte sie sich lediglich durch die Orte, an denen sie auftrat"[97].

96 Persönliche Korrespondenz mit Erhard Klein.
97 Dickhoff, Wilfried: „Vorwort" in: *Walter Dahn im Gespräch mit Wilfried Dickhoff, Bettina Pauly und Johannes Stüttgen,* Köln 1993 (= Kunst heute, Nr. 8), S. 9.

Das Prinzip der künstlerischen Idee
in Aneignung und Arbeitsteilung

Innerhalb klassischer Vorstellungen von Kunst macht die geniehafte Idee den Kern der Werkgenese aus:[98] Dieser Entstehung eines Werks aus dem Nichts wird im 20. Jahrhundert mit der Möglichkeit der technischen Reproduktion als auch dem Objet trouvé die „creatio continua",[99] in Deleuzes Worten, entgegengestellt.[100] Die Verwendung eines Ausgangsmaterials, das durch fremden Einfluss entstand oder entsteht lässt sich je nach diskursivem Ansatz per se als Kompromittierung einer singulären Autor:innenschaft verstehen.[101] Die Literatur verweist mehrfach auf den Zusammenhang von Sigmar Polkes Arbeit mit der poststrukturalistischen Subjektkritik. Bis heute gilt die produktive Aufforderung des Tods des Autors, die Roland Barthes mit seinem 1968 erstveröffentlichten namensgebenden Aufsatz formt, als prägend.[102] Barthes und Foucault stehen für einen rezeptionsästhetischen Ansatz, der sich von der starken Abhängigkeit der Autor:in emanzipiert, und diese Maßgabe dekonstruiert.[103] Eine Brücke von Polkes Werk zum poststrukturalistischen Diskurs wird mittels der autarken Wandlungen seines genutzten Materials geschlagen. In dem „Mitspracherecht" der Chemikalien, die Polke zur Entwicklung seiner

98 Wilhelmi 1996, S. 3.

99 Deleuze, Gilles/Guattari, Félix: *Was ist Philosophie?*, Frankfurt am Main 2000 (= Suhrkamp-Taschenbuch Wissenschaft, Bd. 1483), S. 13.

100 Spies, Christian: „Winkelzüge einer Malerbiografie. Autorschaft und Selbstinszenierung in Polkes Werk der 1970er Jahre", in: *Sigmar Polke und die 1970er Jahre. Netzwerke, Experimente, Identitäten*, hg. von Joseph Imorde/Eva Schmidt/Christian Spies, Ausst.-Kat. Museum für Gegenwartskunst Siegen, Siegen 2019, S. 102.

101 Jocks 2022; Green 2001; Wetzel 2003; Ziemer 2012.

102 Michael Wetzel kritisiert die verbreitete Annahme, Barthes' und Foucaults Beiträge hätten zu einem praktischen Wandel geführt; Wetzel 2022, S. 10; Krieger, Verena: „Sieben Arten, an der Überwindung des Künstlerkonzepts zu scheitern", in: Hellmold, Martin et al. (Hg.): *Was ist ein Künstler? Das Subjekt der modernen Kunst*, München 2003, S. 117 ff.

103 Barthes 1981, S. 208–213; Foucault 2000, S. 198–229.

Fotografien nutzte, sieht Siegfried Gohr wie sich „die Beziehung zwischen dem Künstler als dem Autor und dem Ergebnis seiner Arbeit" in neuer Form definiert.[104] Den Gegenstandsbereich sich wandelnder Materialien mit dem der Weiterentwicklung existierender Bilder vereinend, entwickelt Julia Gelshorn den Begriff der „paradoxen Autorschaft". Dieser beschreibt das Resultat der „Phantasien der ‚Störung' oder Steuerung des Betrachters und [...] der Betonung einer ‚fehlerhaften' Handwerklichkeit sowie einer Selbsttätigkeit der Bilder".[105]

Appropriation oder „Found Footage"

Bestehendes Bildmaterial aus unterschiedlichen Quellen macht schon in den 60er-Jahren den Kern Sigmar Polkes Arbeit aus.[106] Während der 70er-Jahre wurden das Reproduzieren und teilweise Schichten von verschiedenen Bildebenen aus Comics, Zeitschriften und Büchern zu einem verbreiteten visuellen Vokabular der sogenannten Düsseldorfer Szene.[107] Viele Spuren verwendeten Bildmaterials verfolgen Dietmar Rübel und Petra Lange-Berndt in dem von ihnen herausgegebenen Ausstellungskatalog *Wir Kleinbürger!*.[108] In diesem Rahmen identifiziert Rübel die Grundlage von Sigmar Polkes Malerei *Supermarkets* (Abb. 7) als Jack Davis' Comic aus dem Magazin *MAD* von

104 Gohr, Siegfried: „Polke – Der Photograph im Als-ob", in: *Sigmar Polke Photoarbeiten*, hg. vom Kunsthaus Lempertz, Ausst.-Kat. Lempertz, Köln u. a., Köln 2011, o. S. Agentive Materialien gelangen in den 80er-Jahren zu einer größeren Relevanz in Polkes Werk; Hentschel, Martin: „Drucksachen oder die Kunst der Kommunikation. Sigmar Polkes Editionen 1963–2000", in: *Sigmar Polke. Die Editionen 1963–2000. Catalogue raisonné*, hg. von Jürgen Becker/Klaus von der Osten, Ostfildern-Ruit 2000, S. 390.

105 Gelshorn, Julia: *Aneignung und Wiederholung. Bilddiskurse im Werk von Gerhard Richter und Sigmar Polke*, Diss. Bern 2003, München 2012, S. 60.

106 An prominenter Stelle findet sich gefundenes Bildmaterial im Frühwerk Polkes in seinen Rasterbildern; „Figuration. Raster", in: *Sigmar Polke. Dualismen*, hg. von Kunstforum Ostdeutsche Galerie Regensburg und Städtische Galerie Karlsruhe, Ausst.-Kat. Ostdeutsche Galerie, Regensburg, Städtische Galerie, Karlsruhe 2021/22, Regensburg 2021, S. 20–35.

107 Nicht nur Sigmar Polke stellte so u. a. seine großformatige Kleinbürger-Serie von 1976 her, sondern insbesondere Memphis Schulze und Christof Kohlhöfer bedienten sich ähnlicher künstlerischer Mittel, siehe Lange-Berndt/Rübel 2017, S. 47.

108 *Sigmar Polke. Wir Kleinbürger! Zeitgenossen und Zeitgenossinnen. Die 1970er Jahre*, hg. von Petra Lange-Berndt/Dietmar Rübel, Ausst.-Kat. Kunsthalle Hamburg, Hamburg 2009/10, Köln 2009.

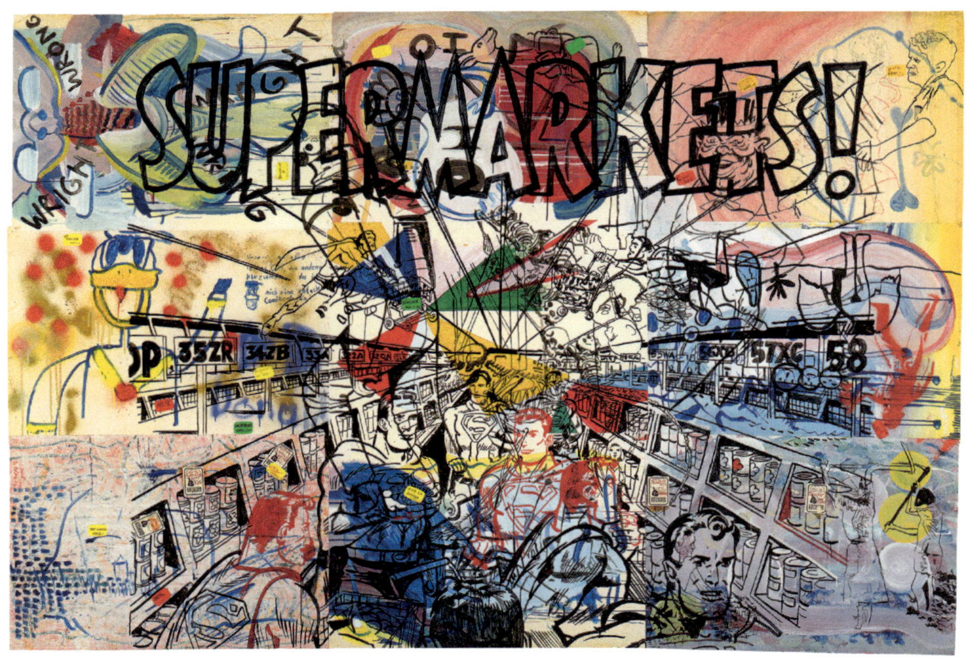

7 Sigmar Polke: „Supermarkets", 1976, Gouache, Goldbronze, Lack- und Acrylfarben, Filzstift, Collage auf Papier auf Leinwand, 207 × 295 cm.

1955.[109] Polke übernahm die Umrisse aller wesentlichen Motive des oberen Panels des Comics und überlagerte sie mit weiteren Bildern, Farbflächen und Worten, die Supermans Welt und Davis' Humor erweitern, während sie nonchalant ein Polke-typisches Labyrinth der Blickführung schaffen. Unter Polkes Feder wurde der US-amerikanische Supermarkt zum Umschlagplatz für frische Luft, Glück, Sex, Nachtruhe, Sonne und Zärtlichkeit, und Polkes Reklametafeln scheinen Superman zum Urteil über Falsch und Richtig zu leiten. Wesentliche Aussparungen bilden die Decke des Gebäudes als auch die Signatur des Zeichners Davis.[110] Bildmaterial wie dieses wurde von befreundeten Künstler:innen geteilt und Schablonen, die auf der Basis dieser Quellen erstellt wurden, wiederverwendet. Letzteres skizziert Ulrike Bergermann an Polkes

109 Rübel, Dietmar: „Supermarkets – It's a MAD World", in: Ausst.-Kat. Hamburg 2009/10, S. 120–129.
110 Einige kleinere Abbildungen Supermans im Hintergrund hat Polke nicht übernommen. Diese Thematik wird von Rübel tiefgreifend untersucht; ebd.

Schweineschlachten und Memphis Schulzes *Hochzeitsbild*, welche beide in prominenter Stelle Alex Schomburgs Figur Vega zeigen.[111] Schulzes Werkverzeichnis stellt heraus, dass viele der Comics, die innerhalb des Freundeskreises zirkulierten, aus seinem Besitz stammten.[112] Verfasser:innen von Texten
zu diesen Themen wie Bergermann, Gelshorn, Rübel oder Lange-Berndt sind
sich über die sozialen Qualitäten dieses Ausgangspunkts einig. Die Integration
des Bildmaterials wird als pluraler Arbeitsschritt gesehen. Lange-Berndt und
Rübel beispielsweise sehen eine „Multiplikation von Autorschaft" in dem Austausch der Bildvorlagen als auch dem daraus resultierenden Effekt, nicht zuordnen zu können, woher eine Vorlage stammt.[113] Inhaltlich ähnlich formuliert Julia Gelshorn: „Das Kollektiv steckt [...] im Fundus der Medienbilder, die
als verfügbares Gemeingut behandelt und verwendet werden".[114]

Weiterentwicklungen der Ideen befreundeter Künstler:innen

Die Praxis der Aneignung von Bildmaterial endet um den Gaspelshof keines-
wegs bei Abbildungen aus den Medien. John Paoletti schreibt, kein Bild sei
Polke heilig gewesen.[115] Das demonstrierte er unter anderem mit *Messerwerfer* (Abb. 8), einer Edition auf Basis eines Negativs von Astrid Heibach, welches er ausbelichtete und kolorierte und das die „Rodeo-Show" zeigt. Im nicht
kolorierten Zustand ist die Fotografie Teil des Katalogs *Je.Nous/Ik.Wij* (Abb. 9).
Zu sehen ist eine Frau im gepunkteten Kleid, die sich auf einer Scheibe dreht,
während ein Mann mit einem Messer auf sie zielt. Das Zentrum der Scheibe
ist durch die geminderte Rotation weniger verschwommen und wurde von
Sigmar Polke in der Ähnlichkeit zu einem Fliegenpilz farblich betont und her-
vorgehoben.[116] Im Kontrast der Farben Rot und Blau, heben sich die Scheibe

111 Bergermann, Ulrike: „Schweineschlachten – Zwei Arten Fleisch", in: Ausst.-Kat.
Hamburg 2009/10, S. 130–137.
112 Lange-Berndt/Rübel 2014, S. 13.
113 Lange-Berndt/Rübel 2017, S. 47.
114 Gelshorn, Julia „Collage und Kollektiv. Politiken der visuellen Aneignung", in:
Ausst.-Kat. Hamburg 2009/10, S. 410.
115 Paoletti, John T.: „Higher Beings Command. The Prints of Sigmar Polke", in: *The
Print Collector's Newsletter*, Jg. 22, Nr. 2, Mai/Juni 1991, S. 37–44, https://www.jstor.org/
stable/24554251 (20. 3. 2025).
116 Persönliche Korrespondenz mit Astrid Heibach.

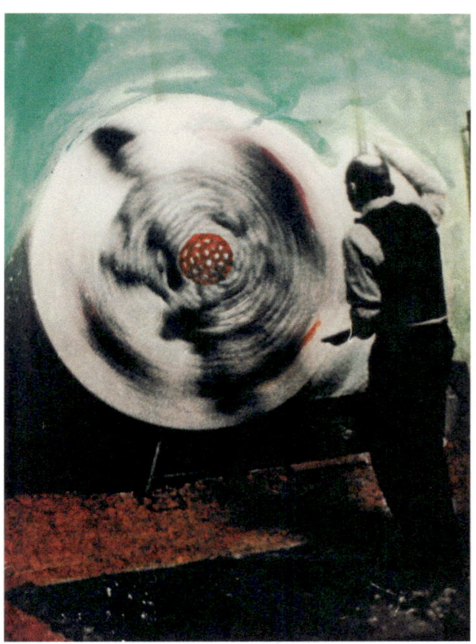

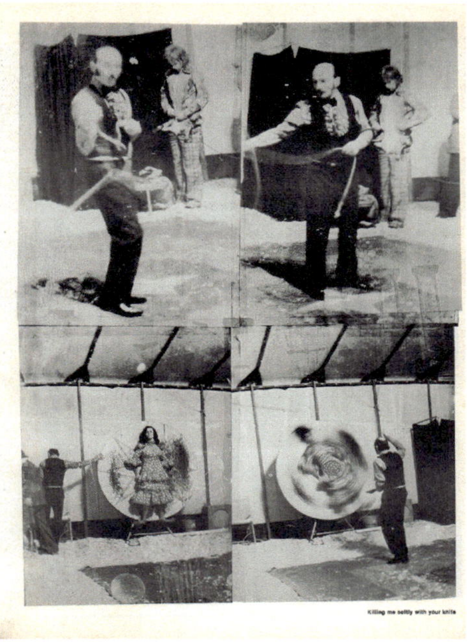

8 Sigmar Polke: „Messerwerfer", 1975, Offsetdruck, 37 × 26 cm.

9 Sigmar Polke/Katharina Steffen/Achim Duchow/ Astrid Heibach/Kaka Lemoine/Sigi Krauss/Lucky Luke und sein Freund: Beitrag in dem Künstlerbuch „Je. Nous/Ik.Wij", 1975, 31 × 19,5 cm.

und der Boden von der Rückwand ab. Eine surreale Wirkungsweise wird artifiziell gesteigert. Das Ergebnis priorisiert einen psychologischen Eindruck anstelle einer visuellen Dokumentation. Anders ist das bei Polkes *Zeughaus* (Abb. 10). Aus einer Fotografie von Klaus Mettig fertigte Polke eine Edition von 200 Fotolithografien. Sowohl den Entstehungsanlass als auch das Motiv bietet das Kölnische Stadtmuseum, dessen Gebäude des Zeughauses Katharina Sieverding, Jule Kewenig, Benjamin Buchloh, Dolores Wyss, Isa Genzken, Sigmar Polke, Michael Buthe und Mariette Althaus zur Kulisse wurde. In bühnenbildartigem Setting stehen sie inmitten der Exponate des Museums, teils interagierend und posierend, teils in augenscheinlichem Unwissen um die auf sie gerichtete Kamera verweilend. Obwohl die Fotografie Mettigs nicht für den Vergleich hinzugezogen werden kann, lässt die Abwesenheit der für Polke typischen Schlieren und weiterer Bearbeitungen, die er während der Entwicklung einbringt, darauf schließen, dass keine wesentlichen Veränderungen von ihm durchgeführt wurden.

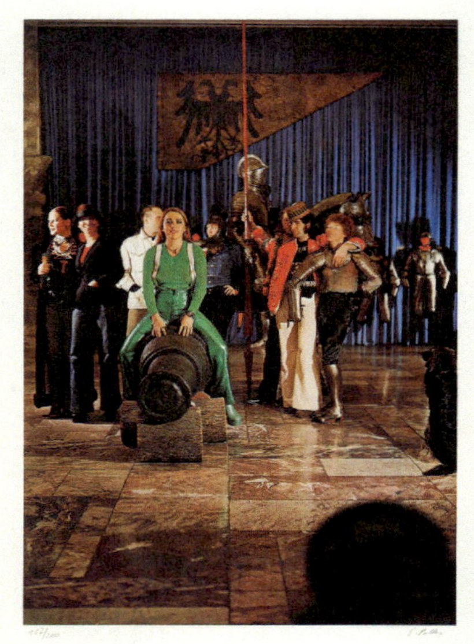

10 Sigmar Polke: „Zeughaus",
1976, Fotolithografie nach einer
Fotografie von Klaus Mettig,
85 × 60,9 cm.

Diese Art der Bearbeitung der ‚fremden' Fotografie kehrte Astrid Heibach um. Für ihre Arbeiten *Ladies of the Seventies* (Abb. 11/12),[117] welche 1977 entstehen, stellen Polke und Duchow ihre Fotografien zur Verfügung. Polke überlässt ihr zwei Abzüge seines Negativs: ein Porträt von Katharina Steffen. Das hellere dieser gehörte aufgrund mangelhafter Belichtung zum Ausschuss. Zwei Exemplare koloriert Astrid Heibach und zeigt mit verschiedenen Versionen die Wirkmacht gezielten Farbeinsatzes.

Die Weiterentwicklung von Werken befreundeter Künstler:innen weitet Polke in Einzelfällen ebenfalls auf Malereien aus. 1978 fügte er fünf Werken aus Duchows *Traumfabrik*-Serie weitere Bildebenen hinzu.[118] Durch eine weiße Lasur physisch von der ursprünglichen Malerei Duchows getrennt, setzt Polke die Bilder größtenteils in schwarzen Lineamenten fort. Die *Traumfabrik*-Malerei Duchows, die in dem 2023 erschienenen Werkverzeichnis unter der Nummer TF059 geführt wird und ein Gesicht im Halbprofil und eine überlagernde E-Gitarre zeigt, bearbeitete Polke durch eine obere Motivebene dreier Schallplatten. Auf ihnen scheinen tanzende Figuren und ein Dirigent über den

---

117 Der Name referenziert Achim Duchows Serie *Friends of the Seventies*.
118 Die über fünfzig Malereien der Serie *Traumfabrik* publizierte Duchow in: *Achim Duchow: Traumfabrik*, hg. von Silvio R. Baviera, Ausst.-Kat. Baviera, Schulze & Baltensperger, Zürich 1979.

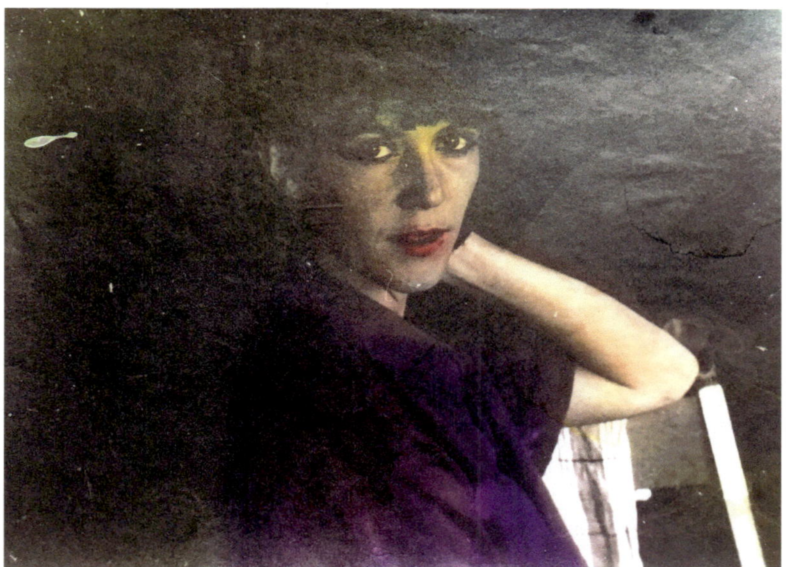

11 Astrid Heibach: „Ladies of the Seventies", 1973/1977, Eiweiß-Lasurfarben auf zwei Fotografien von Sigmar Polke.

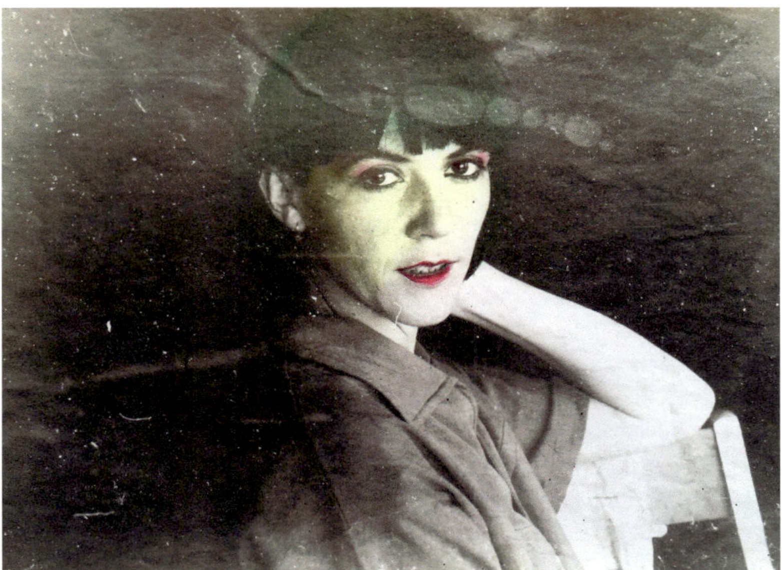

12 Astrid Heibach: „Ladies of the Seventies", 1973/1977, Eiweiß-Lasurfarben auf zwei Fotografien von Sigmar Polke.

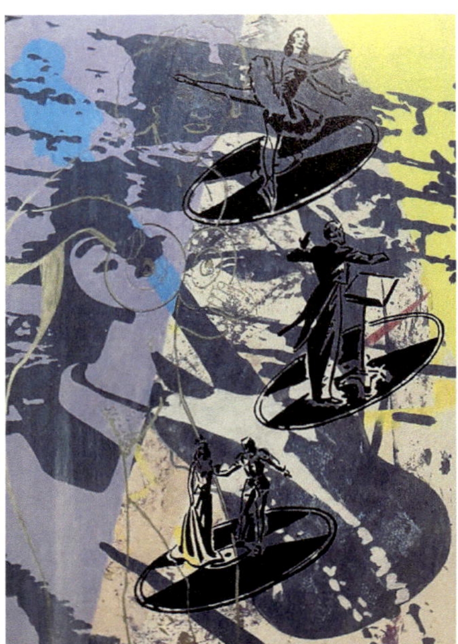 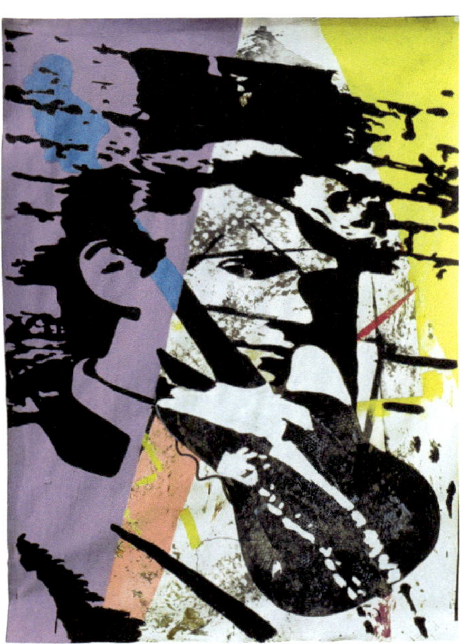

13 Sigmar Polke: „Ohne Titel (Gitarre, Schallplatten, Tänzer)", 1978/1979, Übermalung von Achim Duchows „Traumfabrik", Gouache auf Papier, 100 × 70 cm.

14 Achim Duchow: „Traumfabrik", 1977/1978, Gouache auf Papier, 100 × 70 cm.

von Duchow gemalten Hintergrund entlangzugleiten (Abb. 13/14). Inhaltlich nehmen sie über die Brücke der Musik Kontakt zu dem von Duchow gemalten Mann mit E-Gitarre auf. In Polke-typischer Manier ist der oberflächlichen thematischen Harmonie auch ein Kontrast inne, der in diesem Fall die elektrische Musik durch den klassischen Tanz und den Dirigenten humoristisch kommentiert. Verbunden werden die zwei Bildschichten durch eine dritte Silhouette einer unbekleideten Frau. Zusätzliche Weiterentwicklungen der Malerei Duchows weisen komplexe Schichtungen mehrerer Farbebenen auf. Die übermalte *Traumfabrik* aus der Sammlung des Städel Museums in Frankfurt zeigt, wie Polke in mehreren Schritten eine Verschränkung von Malschichten aufbaut, die visuell nicht zu entwirren ist (Abb. 15). Formen und Farben der unteren Farbschichten greift er auf und nutzt sie, um die Uneindeutigkeit der Bildebenen zu steigern. Die Nase des von Duchow gemalten Porträts wird zum Arm der von Polke aufgesprayten Frau. Parallel harmoniert das pastos aufgetragene Blau im Bildzentrum mit den unten liegenden Farbspritzern und bietet ein Fenster zu der nicht lasierten Malerei Duchows. Zeitlich lässt sich diese Weiterentwicklung mit dem Auszug Duchows vom Gaspelshof in Bezie-

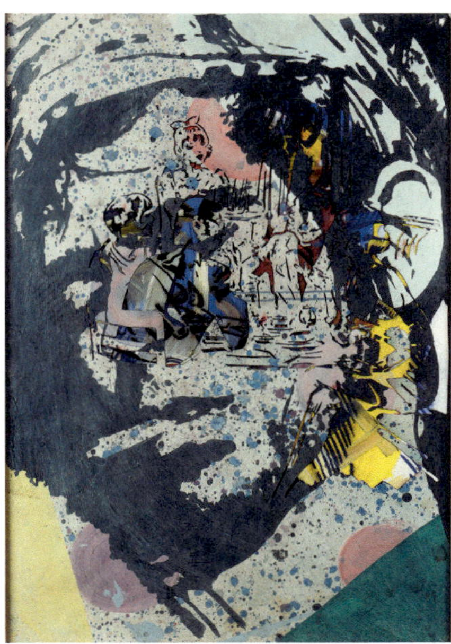

15 Sigmar Polke: „Großer Kopf",
1979, Übermalung von Achim
Duchows „Traumfabrik", Acryl- und
Wasserfarben und Sprühtechnik auf
zwei überlagerten Schablonen aus
Velinkarton, 98 × 68 cm.

hung setzen. Es ist unklar, ob Austausch bezüglich der Bearbeitung der Malereien bestand, ob Duchow diese Exemplare der Serie bei seinem Umzug am Gaspelshof zurückließ und ob Polke sie potenziell ohne Zustimmung bemalte. Lange-Berndt und Rübel bezeichnen diesen möglichen Handlungsrahmen als „ikonoklastischen Akt".[119] Trotz der Rigorosität der irreversiblen Malerei steckt in Polkes Bildebenen ebenfalls die aufmerksame und harmonische Erweiterung um bereits vorkommende Farben und Motive, die dem Begriff des Ikonoklasmus widerspricht. Die Malerei *Herr Natürlich* wirft ähnliche Fragen auf. Im Hamburger Katalog heißt es, dass „Memphis Schulze unter Mitarbeit von Polke das Bild *Herr Natürlich* malte" (Abb. 16).[120] Diese Malerei zeigt in zwei Bildschichten eine Frau in der Ästhetik eines japanischen Mangas, welcher die rote Silhouette eines Roller fahrenden Manns in westlicher Comic-Ästhetik überlagert wurde. Max Schulze geht davon aus, dass Sigmar Polke bei einem Besuch des Ateliers seines Vaters um 1979–80 die etwa 1976 entstandene Malerei um blaue Farbspuren in der Mitte der Leinwand und am rechten Bildrand sowie um einen Abdruck einer Schere und Farbflecken auf der Unter-

119 Lange-Berndt/Rübel 2017, S. 47.
120 Lange-Berndt/Rübel 2009, S. 46.

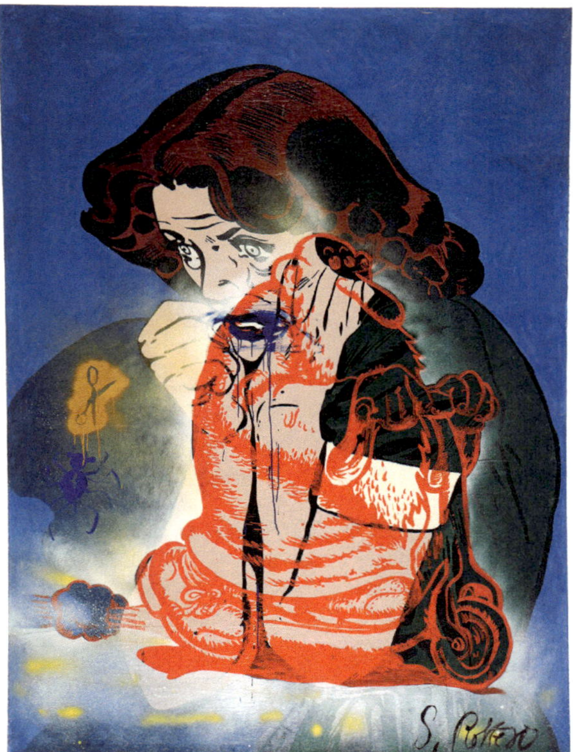

16 Memphis Schulze/Sigmar Polke: „Herr Natürlich", 1976–80,
Kasein, Sprühlack auf Nessel, 260 × 190 cm.

seite des Bildes in goldener Sprayfarbe „erweiterte".[121] Bei der „Mitarbeit"
Polkes scheint es sich demnach um minimale Ergänzungen zu handeln, die die
saubere Trennung zweier figürlicher Bildebenen komplexer gestalten. Im
Falle der Arbeit *Messerwerfer* ist das Einvernehmen eindeutig und Astrid Heibach betont, in dieser Hinsicht ein gutes Verhältnis zu Polke gepflegt zu haben.[122] Der Kontext der Positionierung von *Herr Natürlich* in Schulzes Atelier
als auch die gegenseitige Verwendung von Bildvorlagen durch Heibach und
Polke lassen ebenfalls auf einen grundlegenden Konsens in der Weiterführung
des Bildmaterials des anderen schließen und nicht die Ausübung einer „Hier-
archie"[123] annehmen.

121 Persönliche Korrespondenz mit Max Schulze.
122 Persönliche Korrespondenz mit Astrid Heibach.
123 Lange-Berndt/Rübel 2017, S. 47.

Original + Fälschung

Die Ausstellung *Original + Fälschung* fand 1973 erstmalig im Westfälischen Kunstverein in Münster statt, bevor sie im Jahr darauf im Städtischen Kunstmuseum Bonn gezeigt wurde.[124] Zu sehen waren:

> 186 kleine Farb- und Schwarzweißfotos, welche die Wörter ORIGINAL+FAELSCHUNG bilden, 24 große Bilder, davon 9 nach gestohlenen Gemälden alter Meister (d. h. nach Abbildungen der Interpol-Steckbriefe), 14 kleinere Begleit- oder Kommentarbilder (Collagen auf meist schwarzem Karton), eine – für diese Ausstellung allerdings nicht übernommene – Punktreihe aus kreisrunden Spiegeln dazwischen, 15 farbige Leuchtröhren und die Publikation von Sigmar Polke und Achim Duchow ‚Franz Liszt kommt gern zu mir zum Fernsehen', Umschlag im Schlangenhaut-Muster.[125]

Von März bis April 1973 und noch bis zum Tag der Ausstellungseröffnung erarbeiteten Sigmar Polke und Achim Duchow die Komponenten dieser Ausstellung zu den Themen „Kunst, Kunstnachahmung, Kunstfälschung, Kunstzerstörung, Kunstdiebstahl".[126] Besondere Aufmerksamkeit fand der Themenbereich der Nachahmung und Fälschung,[127] – thematisiert durch die Publikation *Franz Liszt kommt gern zu mir zum Fernsehen* und Malereien nach Abbildungen aus Interpol-Steckbriefen.[128] Dabei handelt es sich um Gemälde von Thomas Gainsborough, Henri Toulouse-Lautrec, Peter Paul Rubens, Jan Brueghel der Ältere, Rembrandt Harmenszoon van Rijn, Giovanni Antonio Bazzi, Antonello da Messina und Corneille de la Haye.

Diese Ausstellung zog in Anbetracht pluraler Prozesse einige Aufmerksamkeit auf sich. Barbara Reise schrieb 1976, die Ausstellung sei aus mehr „Kol-

---

124 Nach den 70er-Jahren wurde der Zyklus 2003 in Salzburg, 2006 in Münster, 2007 in Tübingen und 2022 und 2024 in Duisburg ausgestellt.

125 Stemmler, Dierk in: *Sigmar Polke. Original + Fälschung*, Ausst.-Kat. Städtisches Kunstmuseum, Bonn 1974, o. S.

126 Honnef, Klaus: „Tagebuch", in: *Kunstforum International*, Bd. 4/5, 1973, S. 214 ff., https://www.kunstforum.de/artikel/tagebuch-13/ (20. 3. 2025), [online o. S.]. Eine erste Konzentration auf den Bereich Kunstdiebstahl hatte Polke verworfen.

127 Das sind jedoch nur 9 von 24 Gemälden. Die anderen wurden weniger thematisiert. Die weiteren 15 machen mit der Thematisierung von Kunstnachahmung und -zerstörung deutlich, dass die Ausstellung nicht nur sogenannte hohe und niedrige Kunst thematisiert.

128 *Franz Liszt kommt gern zu mir zum Fernsehen. Sigmar Polke, Achim Duchow*, hg. vom Westfälischen Kunstverein, Ausst.-Kat. Westfälischer Kunstverein, Münster 1973.

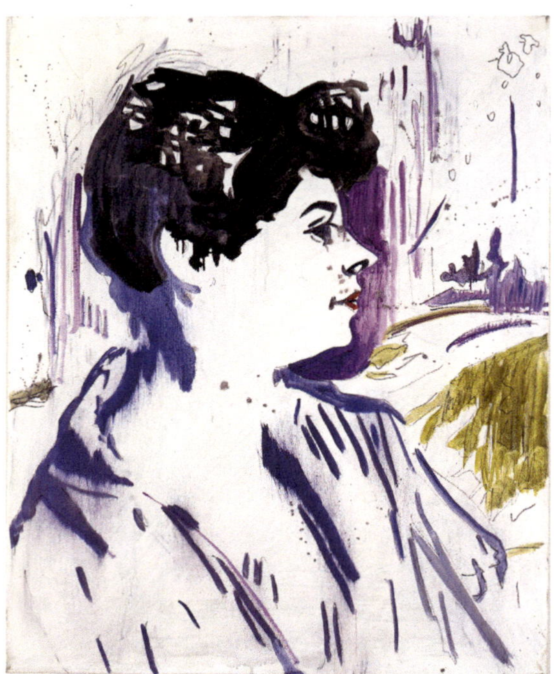

17 Sigmar Polke: „Original + Fälschung" (nach Henri de
Toulouse-Lautrec „Marcelle") 1973, Öl auf Leinwand, 90 × 70 cm.

laborationen" gebildet als zuvor jemals angegeben.[129] Den Mittelpunkt dieser
Betrachtung macht noch fünfzig Jahre später die Aneignung der sogenannten
Meisterwerke aus. Eine detaillierte Auseinandersetzung mit den Gemälden lie-
fert Julia Gelshorn mit ihrer Dissertation *Aneignung und Wiederholung* aus dem
Jahr 2012. Hier vermittelt sie ein Verständnis einzeln rezipierbarer Autor:in-
nenschaften, die in ihrer Singularität dennoch Teil einer begrifflich gedeckelten
Menge und erst in gänzlicher Unentwirrbarkeit zu einer Einheit würden:

> Dabei werden die „most wanted works of art" nicht nur Teil eines kollektiven
> Bilderfundus, sondern die Autorschaften sowohl der ‚alten Meister' als auch
> diejenige des Kollektivs Polke/Duchow drohen in einer allgemeinen Kakopho-
> nie unterzugehen.[130]

---

129 Reise, Barbara: „Who, what is ‚Sigmar Polke'", in: *Studio International*, Nr. 192,
1976, S. 85.
130 Gelshorn 2012, S. 50.

Mit der Nennung mehrerer koexistierender Autor:innenschaften suggeriert Gelshorn eine beständige Präsenz des Beitrags der „alten Meister". Die ursprünglichen „Originale" finden sich in Polke und Duchows Malereien in den Umrissen der Motive wieder. In wenigen Pinselstrichen auf die Leinwand gebracht, wird Toulouse-Lautrecs *Marcelle* in die spontane Ästhetik einer Skizze überführt (Abb. 17). Pinselstriche markieren Schatten und füllen Farbflächen, während der Farbeinsatz kontrastreich und grell wirkt. Dierk Stemmler schreibt: „[...] sie wirkt wie eine etwas nachlässig gemalte Replik mit offen gebliebenen Stellen [...]."[131] Als Farbflächen oder Linien werden die Werke von einer Liste der *Most Wanted Artworks* fragmentarisch in völlig neue Farblandschaften und Materialien übersetzt. Das Ergebnis lässt sich visuell anhand historischer Merkmale der Motive sowie durch den Titel und Beiträge zur integrierten Publikation *Franz Liszt kommt gern zu mir zum Fernsehen* und Beschilderung unterhalb der Malereien mit den dargestellten gestohlenen Gemälde in Beziehung setzen.[132] Entsprechend ist die Beziehung des Zyklus *Original + Fälschung* zu den „Meisterwerken" ideeller Natur, bietet Gelshorn jedoch nichtsdestotrotz die Grundlage, die Autor:innenschaften der alten Meister wahrzunehmen. Folglich zeichnet sich in ihrer Verhandlung des Werkzyklus ein Verständnis von Autor:innenschaft ab, für welches die Idee grundlegend dafür ist, in abweichender Umsetzung durch andere Hand Präsenz zu bewahren.

Johannes Meinhardt, der 2007 einen Artikel der Zeitschrift *Kunstforum International* über die Ausstellung des Bilderzyklus in der Kunsthalle Tübingen 2007/08 verfasste, ging in seinem Beitrag ebenfalls von einem Konzept von Autor:innenschaft aus, welches sich an der Originalität der Idee eines Einzelnen orientiert.

> Wenn Polke also, sich der Pop Art bedienend, beispielsweise gestohlene, verschwundene Kunstwerke nachmalt, oder wenn er Fotos aus Zeitschriften zu großen gemalten (und übrigens bewusst schlecht gemalten) Bildern aufbläst, so gibt es in diesen Arbeiten keine Originalität mehr, keine Erfindung, keine authentische Handschrift, keine Autorschaft.[133]

Meinhardt geht von Autor:innenschaft als Eventualität aus, die von einer erkennbaren, einzelnen Handschrift abhängt und „zertrümmert" werden

---

131 Stemmler 1974, o. S.
132 Ausst.-Kat. Münster 1973.
133 Meinhardt, Johannes: „„Original + Fälschung' Der Mythos der Autorschaft und der Mythos der Authentizität. Kunsthalle Tübingen, 8. 12. 2007–24. 2. 2008", in: *Kunstforum International*, Bd. 190, 2008, S. 357.

kann.[134] Erfindung und Autor:innenschaft werden gleichgestellt. Nicht nur zeichnet Meinhardt ein Bild von Autor:innenschaft, welches sich nicht an wandelnde Künstler:innenkonzeptionen anzupassen vermag, sondern er verkennt die Tatsache, dass Appropriation Art künstlerische Handschrift tragen und dieser Stil oder eine Erkennbarkeit auch von mehreren Personen geprägt sein kann. *Original + Fälschung* weist zum einen in der Auswahl der Thematik den kreativen Beitrag von Duchow und Polke vor, zum anderen ist die Überlagerung von Bildebenen, der Fokus auf die Konturen der Motive sowie der Einsatz von Glitzerpigmenten als „authentische Handschrift" Polkes erkennbar. Auch Barbara Reise schreibt 1976, selbst innerhalb der unpersönlichen Medien der Fotografie, des Films, der Ready-mades oder des Drucks: „Polke's personality is still apparent".[135] Diese Varianzen Polkes künstlerischer „Signatur", die Entstehung durch verschiedene Personen suggerieren können, bezeichnete David Thistlewood in den 90er-Jahren als Herausforderung für die Konventionen der Kunstkritik.[136]

Mit den tief verwurzelten klassischen Bildern von Autor:innenschaft spielten Meinhardt und Gelshorn noch mehr als dreißig Jahre nach der Entstehung des Zyklus Polke, Duchow und den Verfasser:innen der Publikation *Franz Liszt kommt gern zu mir zum Fernsehen* in die Karten, denn sie fokussieren sich auf die ideellen Beziehungen zum „Original" als auch auf dessen Überhöhung. Innerhalb des Künstlerbuchs und Katalogs wird dieses Thema schriftlich weiterverfolgt. Die Textbeiträge kritisieren, dass die ideelle Vorstellung ein Objekt oder einen Zustand von seinem physischen Wert oder seiner Realität abheben kann und wie sich dies auswirkt: So mache in puncto Kunstzerstörung die Erklärung des Zerstörten zu „hoher Kunst" den Vorgang erst tragisch,[137] auf dem Markt seien die Werke großer Meister grundsätzlich erfolgreicher als die anderer Personen,[138] selbst der Papst und Jesus müssten ihren Wert durch Expertisen bestätigen lassen, und bei der Fußballweltmeisterschaft 1966 sei der Bundespräsident unabhängig von der Faktenlage sicher, der Ball sei im Tor gewesen.[139] Im Beitrag von Antonia Quarta „Hommage an die Extemporaneität Sigmar Polkes (oder: Der nicht juristische Aspekt des

---

134 Ebd.

135 Reise 1976, S. 84.

136 Thistlewood, David: „Sigmar Polke and the Critical Problem of Multiple ‚Signature Styles'", in: Thistlewood, David (Hg.): *Sigmar Polke. Back to Postmodernity*, Liverpool 1996 (= Tate Gallery Liverpool Critical Forum Series, Bd. 4), S. 3 f.

137 Honnef, Klaus: „Kunst (zerstören, fälschen, stehlen) Wirklichkeit", in: Ausst.-Kat. Münster 1973, o. S.

138 Duchow, Achim: „Expertise zu Don Martin", in: Ausst.-Kat. Münster 1973, o. S.

139 Honnef 1973b, [online o. S.].

Urheberrechts)" steht auch das Element des ideellen Werts, der durch die geniehafte Schöpfung entsteht, im Mittelpunkt.[140] In ironischem Ton wird die Notwendigkeit besprochen, beweisen zu müssen, dass eine Idee nicht aus der Zukunft gestohlen worden sei.[141] Mit der Thematisierung des künstlerischen Werkprozesses, welcher Zeitschriften als Bildquellen und Reproduktionen berühmter Gemälde einschließt, setzt sie das Wort „schaffen" in Anführungszeichen – wie in der Antizipation der Frage der Kunsthistoriker:innen, der Kritiker:innen, der Öffentlichkeit oder ihrer selbst, ob diese Werkproduktion mit der geniehaften Schöpfung übereinstimmt. 2011, ein Jahr vor der Publikation ihrer zitierten Dissertation *Aneignung und Wiederholung*, schreibt Julia Gelshorn den Beitrag „Autorfunktion und Kunstgeschichte", in dem sie die These einer sich konstant verändernden, wechselseitigen Beeinflussung von Autor:innenschaftstheorien und künstlerischen Aktivitäten formt.[142] In diesem Licht fällt die ideelle Perspektive der Sekundärliteratur auf *Original + Fälschung* besonders auf. Die Diskrepanz von Theorie und Praxis unterstreicht Rachel Mader ebenfalls 2012.[143]

---

140 Quarta, Antonia „Hommage an die Extemporaneität Sigmar Polkes (oder: Der nicht juristische Aspekt des Urheberrechts)", in: Ausst.-Kat. Münster 1973, o. S.
141 Ebd.
142 Gelshorn 2011, S. 292.
143 Mader 2012, S. 11.

Die plurale Praxis

> Daraufhin ist kein Halten mehr, jeder der Gruppe Polke, Duchow und Co. reißt sein Licht unter dem Scheffel hervor, gibt einen Senf dazu, und größer kann der Baum schon gar nicht mehr werden. Und prompt kommt aus dem wie gerufen in der Nähe gelegenen Dickicht der Holzfäller, schlägt mit hell klingendem Axtbeil den Baum und den ganzen harten Winter hindurch ist es im Gaspelshof gemütlich warm, besonders nachdem man dem Kater endlich beigebracht hat auf der Ofenbank zu spinnen.[144]

So fährt Peter Breslaws Beitrag im Katalog für die Ausstellung *Mu Nieltnam Netorruprup* fort, welcher eingangs teilzitiert wurde. Mit Metaphern geladen, malt er ein Bild zwischen ephemerer Natürlichkeit, Pragmatismus und Alkoholkonsum. Diese Naturbezüge lassen sich an den Gaspelshof selbst knüpfen, welcher mit den umgebenden weiten Feldern und der Abgeschiedenheit die Schilderung zu prägen scheint. Ihn nennt Breslaw auch als Schauplatz der gemeinsamen Aktion. Obwohl der Verfasser aus Zürich kommt, ist Willich der Ort, an den er die gemeinsame Arbeit bindet. Hier kombinieren die Beteiligten die entwickelten Ideen unbeschwert und formen sie in der Betonung des Gemeinschaftlichen durch das Input aller Beteiligten aus. Das kollektive „Senf-dazu-[Geben]" scheint sich auch im Teilen des Ertrags des „Kunstdüngerprodukts" zu äußern, wie es die Aussage, nach dem Fällen des Baums sei es auf dem Gaspelshof warm gewesen, andeutet. Wie Petra Lange-Berndt und Dietmar Rübel herausstellen, wurde das Geld unter den Freund:innen geteilt: „[...] Einkünfte, etwa vom Verkauf des Zyklus *Original + Fälschung*, standen vielen zur Verfügung und wurden schnell wieder ausgegeben".[145] Das betont auch Katharina Steffen 2022 im Interview mit der mündlichen Aussage, Sigmar

---

144 Breslaw 1977, o. S.
145 Lange-Berndt/Rübel 2009, S. 48.

Polke habe, nach dem Verkauf eines Werks mit vollen Händen ausgegeben, um das Leben der ganzen Gruppe zu finanzieren. Ganz im Sinne von „Geld und Sekt für alle".[146]

Ausstellungen

1973 war Sigmar Polke einer der Koordinator:innen der Ausstellungen *Between 7* in der Städtischen Kunsthalle Düsseldorf und *Some 260 Miles From Here* über das Gallery House im Goethe-Institut in London.[147] Neben ihm war Erika Fischer auf der Düsseldorfer Seite der wandernden Ausstellung involviert, während Sigi Krauss die Londoner Seite leitete.[148] An dieser Ausstellung beteiligten sich einige Personen, die am Gaspelshof zentrale Rollen einnahmen und zukünftig einnehmen sollten. Zu nennen sind unter anderem Klaus Mettig und Stephan Runge. Der Katalog der Ausstellung bietet eine fotografische Dokumentation der Ereignisse während und um die Ausstellungstage. Geplante Performances und gemeinsamer spontaner Spaß verschwammen ganz im Sinne Wolf Vostells Kredos „Kunst = Leben".[149] Mettig zeigte in der Ausstellung eine mit Rufus Camphausen entstandene Arbeit mit dem Titel *Andromeda*.[150] Aus Super-8-Filmen, Dias und Polaroid-Fotografien bestehend, entwickelte sie

---

146 Persönliche Korrespondenz mit Katharina Steffen.

147 In den 60er-Jahren organisierte Daniel Spoerri plurale Ausstellungen, die Jean-François Chougnet als Vorreiter für Harald Szeemanns Ausstellung „Freunde – Friends – d'Fründe" sieht, in der die ausgestellten Künstler:innen selbstorganisiert mitwirkten. Chougnet, Jean-François: „Freunde – Friends – d'Fründe", in: *Freundschaften. Amitiés. Gemeinschaftswerke von Dada bis heute*, hg. von Blandine Chavanne et al., Ausst.-Kat. Musée des Civilisations de l'Europe et de la Méditerranée (MuCEM), Marseille, Kunstmuseum Wolfsburg, Wolfsburg 2022/23, Berlin 2023, S. 49; *Between 7/Some 260 Miles From Here*, hg. von Düsseldorfer Künstlern in Zusammenarbeit mit der Kunsthalle Düsseldorf, Ausst.-Kat. Städtische Kunsthalle, Düsseldorf, Gallery House, Goethe-Institut, London, Düsseldorf 1973, o. S.

148 Ebd.

149 Meister, Helga: *Die Kunstszene Düsseldorf*, Recklinghausen 1979, S. 23.

150 Wyrwoll, Regina: „Fortschreitende Transformation", in: *Klaus Mettig. Arbeiten 1976–2010*, hg. von Neue Gesellschaft für Bildende Kunst, Berlin/Stiftung museum kunst palast, Ausst.-Kat. museum kunst palast Düsseldorf 2010/11, [anlässlich der Ausstellung „Klaus Mettig. Arbeiten 1976–2010"], Neue Gesellschaft für Bildende Kunst (NGBK), Berlin 2008, [anlässlich der Ausstellung „Klaus Mettig. Dont't be left behind. Fotoarbeiten und Projektionen 1978–2008"], Köln 2010, S. 8.

sich tagtäglich weiter und integrierte immer die Ereignisse der letzten 24 Stunden.[151]

Über diese Gruppenausstellung hinaus erregten insbesondere Sigmar Polkes Einzelausstellungen, welche sich nicht in dieser klassisch singulären Weise austrugen, Aufmerksamkeit. Die Involvierung seiner Freund:innen und Bekannten rangierte von einmaligen Happenings bis zu annähernd ausgewogenen Ausstellungen mehrerer Positionen. In der Ausführung dieser wurden Aufbau und Eröffnung wiederholt zum gemeinsamen Event. In Filmen des freiberuflichen Fotografen Franz Fischer von Aufbauten in der Galerie Erhard Kleins in den Jahren 1975 und 1977 wird sichtbar, dass selbst Ausstellungen, die nur Arbeiten von Polke zeigten, in freundschaftlicher Zusammenarbeit entstanden. In der Aufnahme von 1975 sind Polke, Duchow, Heibach und Klein in Aktion zu sehen – im Jahr 1977 auch Steffen.[152] Fotografien Polkes liegen auf dem Boden ausgebreitet und werden im Gespräch ausgewählt, Steffen und Heibach schneiden Kartonage zu, während Werke augenscheinlich nach wenig vorbereitender Planung an die Wand getackert oder gepinnt werden. Vor der Kamera unterliegt allem Witz und Gelassenheit. Natürlich waren auch die Ausstellungseröffnungen Anlass für das Zusammenkommen von Freunden und Freundinnen. Wellen schlug die Eröffnung der Ausstellung *Wir Kleinbürger – Zeitgenossen und Zeitgenossinnen* 1976 bei Toni Gerber, welche „in einem fürchterlichen rieseneklat ausgeartet" zu sein scheint, „der dem titel der ausstellung ‚wir kleinbürger – zeitgenossen und zeitgnossinnen' im übrigen alle ehre gemacht hätte".[153]

Über das Event der Eröffnung oder des arbeitsteiligen Aufbaus hinaus wurden während der 70er-Jahre die Ausstellungen selbst auch nicht vor einer Pluralität verschlossen: In Ausstellungen, die als Einzelausstellungen Polkes geplant waren, fanden sich mehrfach befreundete Künstler:innen in Performances oder Werken wieder. *Wir Kleinbürger – Zeitgenossen und Zeitgenossinnen* wurde mit einer Leseperformance eröffnet, und es wurden Collagen, Dias, Filme sowie Tonbildschauen mit pluralem Entstehungshintergrund in der Ausstellung gezeigt.[154] 1975 schafften es die Freunde und Freundinnen Polkes, die Teil der monografisch geplanten Ausstellung *Mu Nieltnam Netorruprup* waren, bis in den Aufmacher des Artikels „Pilze aus dem Underground. Sigmar

---

151 Ebd.

152 Fischer, Franz: [Videoaufnahme], 1975/1977, Archiv der Anna Polke-Stiftung.

153 Schenker, Christoph: „Zur Geschichte der Galerie Toni Gerber", in: *Die Sammlung Toni Gerber im Kunstmuseum Bern*, hg. vom Kunstmuseum Bern, Ausst.-Kat. Kunstmuseum Bern, Bern 1986, S. 28.

154 Lange-Berndt/Rübel 2009, S. 28.

Polke & Co. in der Kieler Kunsthalle" in den *Kieler Nachrichten*.[155] Duchow arbeitete neben der Integration von Polaroids, Vitrinen-Objekten und Bildern mit Polke, Steffen und Heibach an den zwei Diashows *Rock ‚n' Roll* und *Kristallball* mit.[156] Memphis Schulze wurde mit autark geschaffenen Arbeiten Teil der Ausstellung: den „Rock-‚n'-Roll-Bildern".[157] Außerdem waren Objekte von Peter Saunders, Sigi Krauss und dem Gründer des Vereins Indianerfreunde Kiel e. V., Kurt Bohn, in Vitrinen ausgestellt.[158] Selbst der Katalogdeckel, eine Zeichnung von Al Capone, war von Peter Saunders, und der inhaltliche Ausgangspunkt der Ausstellung lässt sich auf das Interesse Sigi Krauss' an der indigenen Bevölkerung Amerikas zurückführen.[159] Die Freunde und Freundinnen Polkes lassen sich aus keinem Bereich der Ausstellung subtrahieren, und das wird bewusst ausgewiesen und von den Medien wahrgenommen und verbreitet.

Im Gegensatz zu den Ausstellungen in der Galerie Klein entstand hier keine Einzelausstellung aus Zusammenarbeit, die im Endprodukt verblassen sollte. Hier überragte die Pluralität des Endergebnisses die des Prozesses. Im Katalog der Ausstellung gilt der Dank des Direktors der Kunsthalle, Jens Christian Jensen, unter anderem Achim Duchow für die Mitarbeit.[160] 2013 erinnerte er, dass die weiteren Freund:innen, die zum Aufbau vor Ort waren, wenig Mithilfe leisteten. Er schreibt: „Außer Dr. Freitag und dem Museumspersonal waren nur Polke und Duchow aktiv".[161] Katharina Steffen schildert, bei dem hohen Alkoholkonsum, welcher den Ausflug nach Kiel regiert hätte, habe es nur mitmachen oder nach Hause fahren gegeben.[162] Für Peter Breslaw, Fritz Hauri, Sigi Krauss, Memphis Schulze und Katharina Steffen hatten Aufbau und Eröffnung der Ausstellung einen eventhaften Charakter.[163] Die gemeinsame

---

155 R. G.: „Pilze aus dem Underground. Sigmar Polke & Co. in der Kieler Kunsthalle", in: *Kieler Nachrichten*, 88/1975, o. S., Archiv der Anna Polke-Stiftung.

156 [Impressum], in *Mu Nieltnam Netorruprup*, hg. von der Kunsthalle zu Kiel und dem Schleswig-Holsteinischen Kunstverein, Ausst.-Kat. Kunsthalle zu Kiel, Schleswig-Holsteinischer Kunstverein, Kiel 1975, o. S.

157 Ebd.

158 Lange-Berndt/Rübel 2017, S. 125.

159 Ebd.

160 Jensen, Jens Christian: „Über Sigmar Polke", in: *Mu Nieltnam Netorruprup*, hg. von der Kunsthalle zu Kiel und dem Schleswig-Holsteinischen Kunstverein, Ausst.-Kat. Kunsthalle zu Kiel, Schleswig-Holsteinischer Kunstverein, Kiel 1975, o. S.

161 Jensen, Jens Christian: [Brief/Mail an Max Schulze], 19. 2. 2013, Estate Achim Duchow.

162 Persönliche Korrespondenz mit Katharina Steffen.

163 Lange-Berndt, Petra/Rübel, Dietmar: „Buick Adventures", in: *Memphis Schulze. Werkverzeichnis 1969–1993*, hg. von Katrin Menne et al., Köln 2014, S. 62.

Fahrt mit Zwischenstopp auf der Reeperbahn in Hamburg überführte Achim Duchow in seine Installation *Buick Adventures*. Ähnlich zu Mettig und Camphausens Arbeit *Andromeda* mündete das gemeinsame Ereignis anlässlich der Ausstellung hier ebenfalls in neuer Kunst.

Im selben Jahr wie *Mu Nieltnam Netorruprup* fanden die Biennale in São Paulo wie auch das Event der *Salto Arte* in Brüssel mit folgender Ausstellung statt, zu welcher ein gemeinsamer Beitrag für ein Künstlerbuch entstand. Für das Jahr 1976 plante Benjamin Buchloh eine Retrospektive Polkes mit dem Titel *Sigmar Polke. Bilder, Tücher, Objekte. Werkauswahl 1962–1971*. Den Rahmen setzte er bewusst so, dass Arbeiten, die nach dem Umzug nach Willich entstanden, exkludiert wurden.[164] Buchloh empfand, dass Polkes Kunst in den vergangenen Jahren mit dem psychedelischen Wesen seine politische Ebene verlor, die er geschätzt hatte.[165] Die erste Version der dreiteiligen Retrospektive in Tübingen verlief noch unter Buchlohs Ruder, doch über die folgenden Stationen hinweg übernahm Polke zunehmend die konzeptionelle Kontrolle und lenkte die Ausstellungen in Richtung von Themen, Motiven und Menschen, die ihn prägten.[166] Anlässlich der Ausstellung in der Kunsthalle Düsseldorf arbeitete Polke in enger Absprache und Zusammenarbeit mit dem örtlichen Team. Der Tischler baute nach Polkes Vorstellungen einen Verschlag mit der Aufschrift „Kunst macht frei", welcher den Zugang zu einigen Werken versperrte.[167] Gemeinsam mit Achim Duchow und dem Kurator John Matheson formte er auf dem Boden ein Hakenkreuz aus Gemälden und Fotografien, die am Gaspelshof entstanden.[168] Auch eine Arbeit, die Duchow ohne Polke fertige, fand ihren Weg in die „Retrospektive". Im Kinsosaal zeigte er eine Diaprojektion von verschiedenen Rollen- und Würdenträgern innerhalb der Systeme des „Dritten Reichs" und der BRD.[169]

Im Van Abbemuseum trägt die Ausstellung den Ruf, sich „endgültig in eine Gruppenausstellung" verwandelt zu haben.[170] Eins der hier ausgestellten Werke ist die Multimedia-Installation *Big Business-Brasilien*. Zu dieser gehören ein 16-mm-Film, eine Diashow und eine Fotoarbeit, die, nebeneinander einen Gesamtrhythmus ergebend, gezeigt wurden (Abb. 18). Jedes Werk wurde von

---

164 Mehring, Christine: „Shock Value: Sigmar Polke's 1976 Retrospective in Düsseldorf", in: *Artforum*, Jg. 52, Nr. 8, 2014, S. 225, https://www.artforum.com/features/shock-value-sigmar-polkes-1976-retrospective-in-dusseldorf-219734/ (20. 3. 2025).
165 Ebd.
166 Ebd.
167 Lange-Berndt/Rübel 2017, S. 132.
168 Ebd., S. 133.
169 Ebd.
170 Ebd., S. 141.

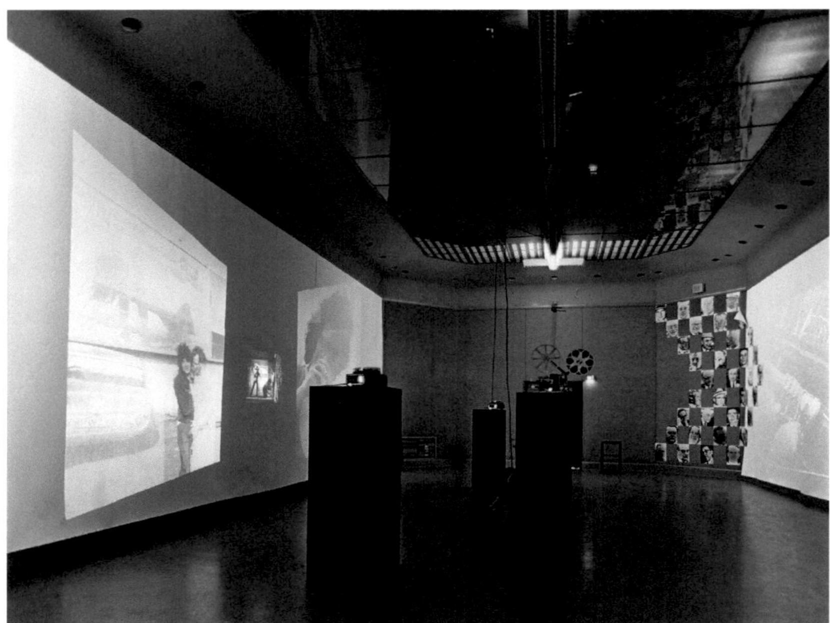

18 Installationsansicht: „Sigmar Polke. Bilder Tücher Objekte: Werkauswahl 1962–1971",
Stedelijk Van Abbemuseum, Eindhoven, 1976.

einer anderen Person ausgeführt. *Auf der Suche nach Bohr-mann Brasilien und seine Folgen* stammt von Sigmar Polke, *Unsere Kolonien* von Astrid Heibach und die Fotografien *Die Ehrenwerte Gesellschaft* von Achim Duchow.[171] Es verschmolzen folglich einzelne Werke verschiedener Personen in der gemeinsamen Installation. Der 16-mm-Film Sigmar Polkes ist darüber hinaus auch aus der Mitwirkung Heibachs und Katharina Steffens erwachsen. Polke bat Steffen und Heibach, Zitate aus Márcio Moreira Alves' Buch *Brasilien. Rechtsdiktatur zwischen Armut und Revolution* zu lesen. Den ersten Versuch dessen zeichnete Polke mit bewusst amateurhaftem Effekt und begleitet mit Musik des brasilianischen Karnevals auf, die Duchow im selben Raum abspielte.[172] Unter dem Deckmantel von Sigmar Polkes Retrospektive versammelten sich Werke verschiedener Freund:innen, die eigene Arbeiten beisteuerten und zu einem vermischten Endergebnis verbanden.

171 Heibach, Astrid: „Sigmar Polke: Bilder, Tücher, Objekte: Werkauswahl 1962–1971", undatiert, o. S., unveröffentlicht, Archiv der Anna Polke-Stiftung.
172 Ebd.

Achim Duchow agierte in den genannten Ausstellungen sowohl in der Werkproduktion als auch im Aufbau. Bezüglich der Ausstellung *Original + Fälschung* beschreibt Klaus Honnef, Duchow sei „auch in die traditionell künstlerische, sonst hermetisch verschlossene Arbeitsphase [...] dem Malen der Gemälde"[173] integriert und, neben Mariette Althaus und Sigmar Polke, Teil der Installation der Malereien gewesen. Er formuliert: „Einige Bilder werden gehängt. Danach fahren Sigmar, Achim und Mariette nach Düsseldorf zurück. Sie müssen noch letzte Vorbereitungen für die Ausstellung treffen".[174] Sigmar Polke selbst beschreibt die Zusammenarbeit mit Duchow in einem Gutachten, das er 1978 für ein DAAD-Stipendium seines Studenten schreibt, folgendermaßen:

> Mehr aber als Student lernte ich Achim Duchow als meinen engsten Mitarbeiter, Mit-Übermaler, mitunter Fotografen kennen, und er wurde mir als Mitneben-vor-und-Zwischendenker bei meinen eigenen Arbeiten unentbehrlich. Die meisten Projekte, die ich realisierte, kamen durch seine Hilfe zustande. Konzeption und Ausführung wurden von uns gleichermaßen erarbeitet. So kann ich dankenswerterweise auf seine Mitarbeit bei den Ausstellungen Kunstmuseum Eindhoven 1976, Kunsthalle Düsseldorf 1976, Biennale São Paulo 1975, Kunsthalle Kiel 1975, Kunstverein Münster 1973, verweisen. In diesen Ausstellungen waren die Audio-Visions-Schauen und Projektionen Achim Duchows Anliegen und Ausführungen.[175]

Mit dieser Aussage wird die Relevanz Duchows Beitrags zum Werk Polkes offensichtlich. Letzterer beschreibt eine arbeitsteilige Verschmelzung aller Schritte des künstlerischen Prozesses und zeichnet somit die Mitwirkung Duchows in den nicht handwerklichen Aspekten ab, die selbst das klassische Bild des künstlerischen Schöpfungsprozesses umfasst. Erhard Klein nennt insbesondere die Organisation als Steckenpferd Duchows: „Achim mit Organisationstalent: nichts ging schief"[176].

Die genannten Ausstellungen stehen alle auf dem Fundament des Erfolgs Sigmar Polkes und seiner zunehmenden Ausstellungsmöglichkeiten. Die

---

173 Honnef, Klaus: „Sigmar Polke und die Kunst der Fälscher", in: *Sigmar Polke. Original + Fälschung*, hg. von Agnes Husslein-Arco, Ausst.-Kat. Rupertinum, Salzburg 2003, S. 7.
174 Honnef 1973b, [online o. S.].
175 Polke, Sigmar: „Gutachten zu Achim Duchow für ein DAAD-Stipendium", 23. 1. 1978, nach: Lange-Berndt/Rübel 2023, S. 61 f.
176 König, Martin: *Exzessive Kreativität. Achim Duchow,* unveröffentlichte Diplomarbeit, Düsseldorf 1990, S. 73, Estate Achim Duchow.

Unterstützung von Ausstellungsaufbauten ist kein Polke-spezifisches Phänomen. Beispielsweise dankt Wulf Herzogenrath im Katalog der Ausstellung *Fünf in Köln* Dietmar Werle für die Mitarbeit an Michael Buthes Anteil der Ausstellung.[177] Ein weiteres Beispiel ist Luigi Kurmann, der Dennis Oppenheim bei Ausstellungen unterstützte. Den Unterschied zu den Künstler:innen um den Gaspelshof ist jedoch, dass Kurmann betont, dass es sich bei dieser Form der Zuarbeit nie um eine künstlerische Zusammenwirkung handelte:

> Dennoch habe ich diese Zusammenarbeit nie als Kollaboration verstanden und würde sie auch nicht als solche bezeichnen – schon gar nicht als künstlerische –, sondern als eine Form intensiver Kooperation, als zweckgerichtetes Zusammenwirken, dessen Ziel es war, mit Oppenheim seine künstlerischen Ideen umzusetzen[178].

In der Zusammenarbeit um Polke ist diese Grenze weniger eindeutig. Zusammenarbeit, die als Unterstützung seiner singulären künstlerischen Sichtbarkeit verstanden werden kann und sich von der Idee des künstlerischen Plurals abhebt, konnte während der 70er-Jahre ihr Wesen verändern und auch die Verschmelzung dezidiert künstlerischer Arbeit mit sich bringen. Vor allem in den Jahren 1975 und 1976 akkumulierten sich Ausstellungen, in die ebenfalls die Arbeiten von Polkes Bekannten Eingang in seine „Einzelausstellungen" fanden. Dies lässt sich jedoch nicht als lineare Entwicklung von der Mithilfe zum gemeinsamen Ausstellen lesen. Ausstellungen, die monografisch ausgeführt wurden, durchmischten sich zeitlich mit jenen, bei denen das nicht der Fall war. Außerdem treten bei den Beteiligten verschiedene Wahrnehmungen der Zusammenarbeit auf, die von Polkes Schilderung der umfänglichen, ganzheitlichen Kooperation mit Duchow bis zu Mariette Althaus' Schilderung der Konzeption und Werkherrschaft Polkes reichen. Althaus beschreibt in Bezug auf die frühen Jahre am Gaspelshof bis 1974, Polke wäre immer in Kontrolle dessen gewesen, wann ein Werk beendet sei, und misst ihm damit die Rolle der Autorisierung der entstandenen Kunst bei.[179]

<hr>

177 [Impressum], in: *Fünf in Köln. Michael Buthe, Sigmar Polke, Ulrike Rosenbach, Gerhard Rühm, Alf Schuler.*, hg. vom Kölnischen Kunstverein, Ausst.-Kat. Kölnischer Kunstverein, Köln 1979, o. S.
178 Kurmann, Luigi: „Arbeiten für und mit Dennis Oppenheim", in: Bushart, Magdalena/Haug, Henrike (Hg.): *Geteilte Arbeit. Praktiken künstlerischer Kooperation*, Wien/Köln/Weimar 2020 (= Interdependenzen, Bd. 5), S. 219.
179 Videoaufnahme eines Gesprächs zwischen Anna Polke und Mariette Althaus, Archiv der Anna Polke-Stiftung.

Je.Nous/Ik.Wij und *Day by Day …*
 they take some brain away

In der Form zweier Publikationen manifestiert sich die gemeinschaftliche Arbeit 1975 besonders deutlich: *Je.Nous/Ik.Wij* und *Day by Day … they take some brain away*. Diese bezeichnen Lange-Duchow und Rübel als „das wohl wichtigste Dokument des kreativen Kollektivismus des Gaspelshofes".[180] Die Bedeutsamkeit kann anhand der sichtbaren Synthese der individuellen Inputs und der gegenseitigen Beeinflussung gemessen werden. Für die Biennale in São Paulo stellten Sigmar Polke, Achim Duchow, Katharina Steffen und Astrid Heibach 13 Doppelseiten in Farbe (sowie eine Titel- und Rückseite) her; Collagen aus Text, Zeitschriften- und Buchausschnitten, Fotografien, Zeichnungen, Comics, Schablonen und scheinbar jedem zweidimensionalen Bildprodukt des Alltags, das sowohl vom Gaspelshof stammte als auch von Katharina Steffen aus der Schweiz mitgebracht wurde. Den thematischen Mittelpunkt bildet der Mensch, jene Vorstellungen des Menschen in seiner Körperlichkeit und seinen kulturellen und sozialen Rollen wie auch der Menschen, die an dem Werk beteiligt waren. In Ähnlichkeit zu Aby Warburgs Mnemosyne-Atlas oder der Visualisierung einer mentalen Gedankenkette, lassen die assoziativen Gegenüberstellungen und Kombinationen von der Mona Lisa und Kleopatra sowie einem Adler, einer Taube und einem fliegenden Weihnachtsmann den Blick graduell visuellen und inhaltlichen Beziehungen folgen. Neben den einprägsamen Themen und Bezügen zwischen den zwei Hälften einer Doppelseite treten unterschiedliche Facetten und darin auch Perspektiven auf, welche durch die Mitwirkung verschiedener Personen begründet werden kann.

Im Gespräch entwickelten die vier Beteiligten thematische Ausgangspunkte, welche in der Gestaltung eigener Seiten und der Ergänzung derer der anderen ausgeformt werden. Niederschlag finden so Themen und Aspekte, mit denen sich die einzelnen Personen beschäftigen. Katharina Steffen gestaltete primär die Doppelseiten aus den Seiten vier und fünf sowie acht und neun, die sich teils traditionellen und teils revolutionären Bildern des Mannes und der Frau zuwenden (Abb. 19/20).[181] Auf beide Doppelseiten setzt die Ethnologin große Abbildungen in die Seitenmitten, um sie mit anderen, kleineren Bild- und Textelementen zu umranden. Bilder der Black Panther Party und weißer Touristen während eines Fruchtbarkeitsbrauchs der Papua werden auf den Seiten vier und fünf von Sportlern, Polizisten, Soldaten und einem Kolonialherren umzingelt. Neben einem phallusförmigen Zeppelin und Polizisten mit feuernden

---

180　Lange-Berndt/Rübel 2009, S. 54 f.
181　Persönliche Korrespondenz mit Katharina Steffen.

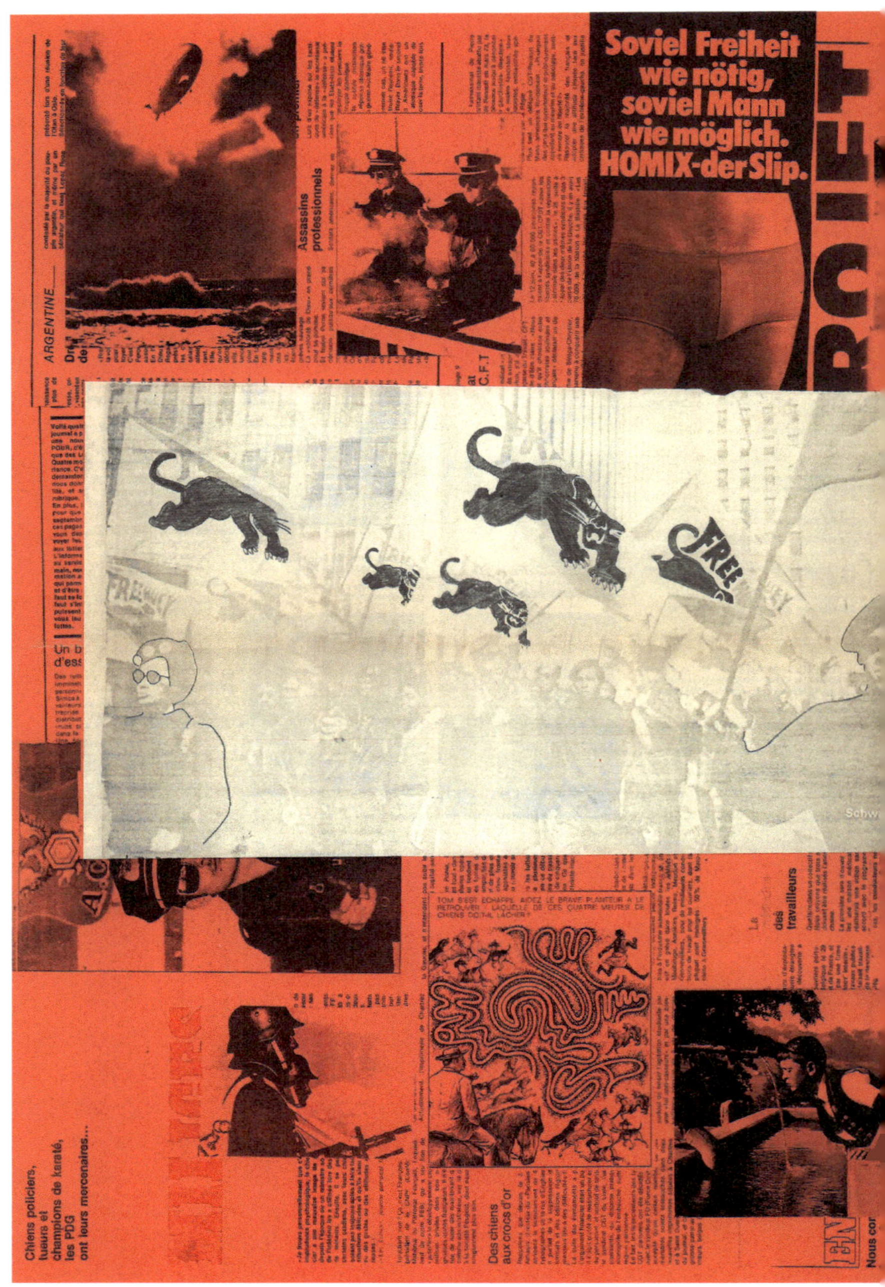

19 Sigmar Polke/Achim Duchow/Astrid Heibach/Katharina Steffen: „Day by Day … they take some brain away", 1976.

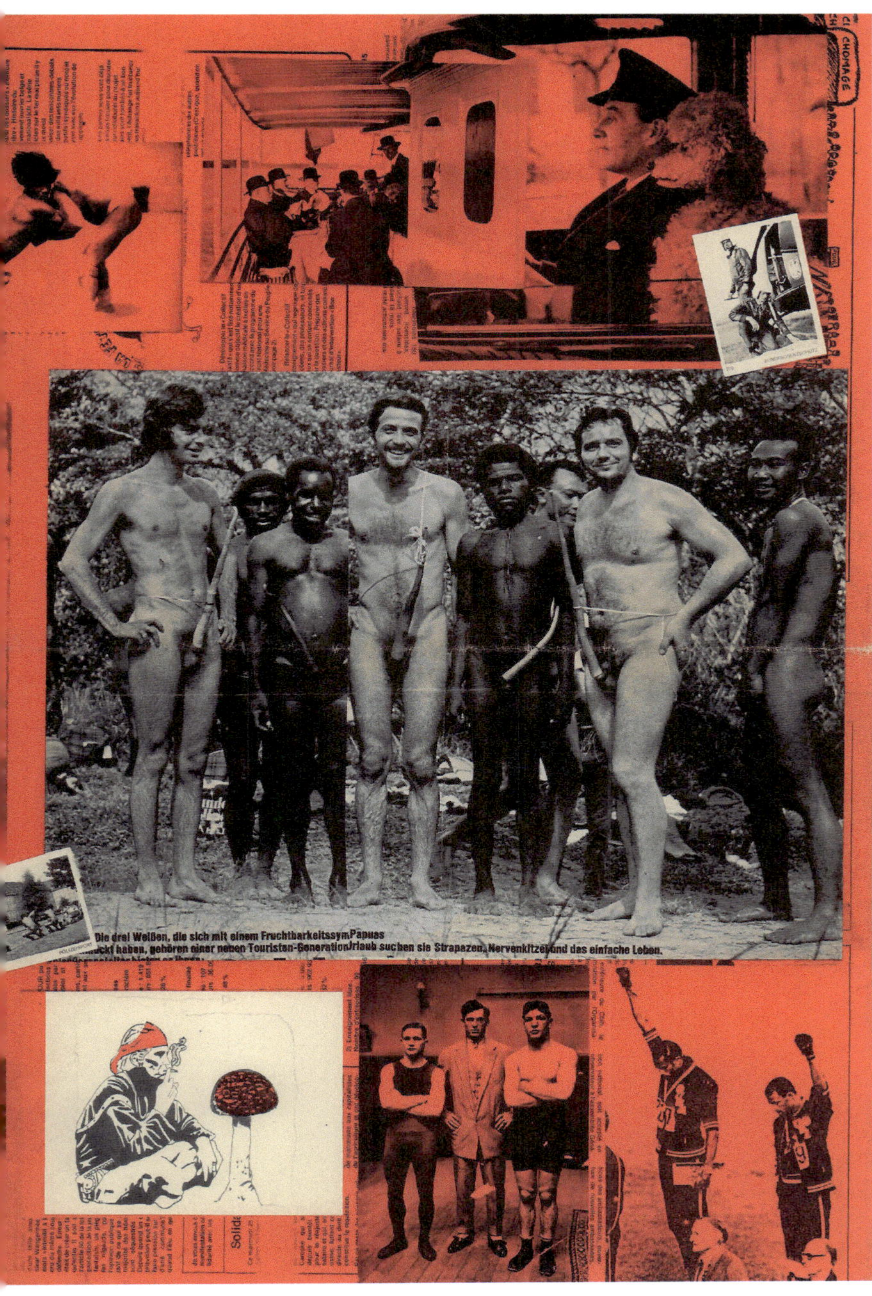

Die drei Weißen, die sich mit einem Fruchtbarkeitssym Papuas
schmückt haben, gehören einer neuen Touristen-Generation Urlaub suchen sie Strapazen, Nervenkitzel und das einfache Leben.

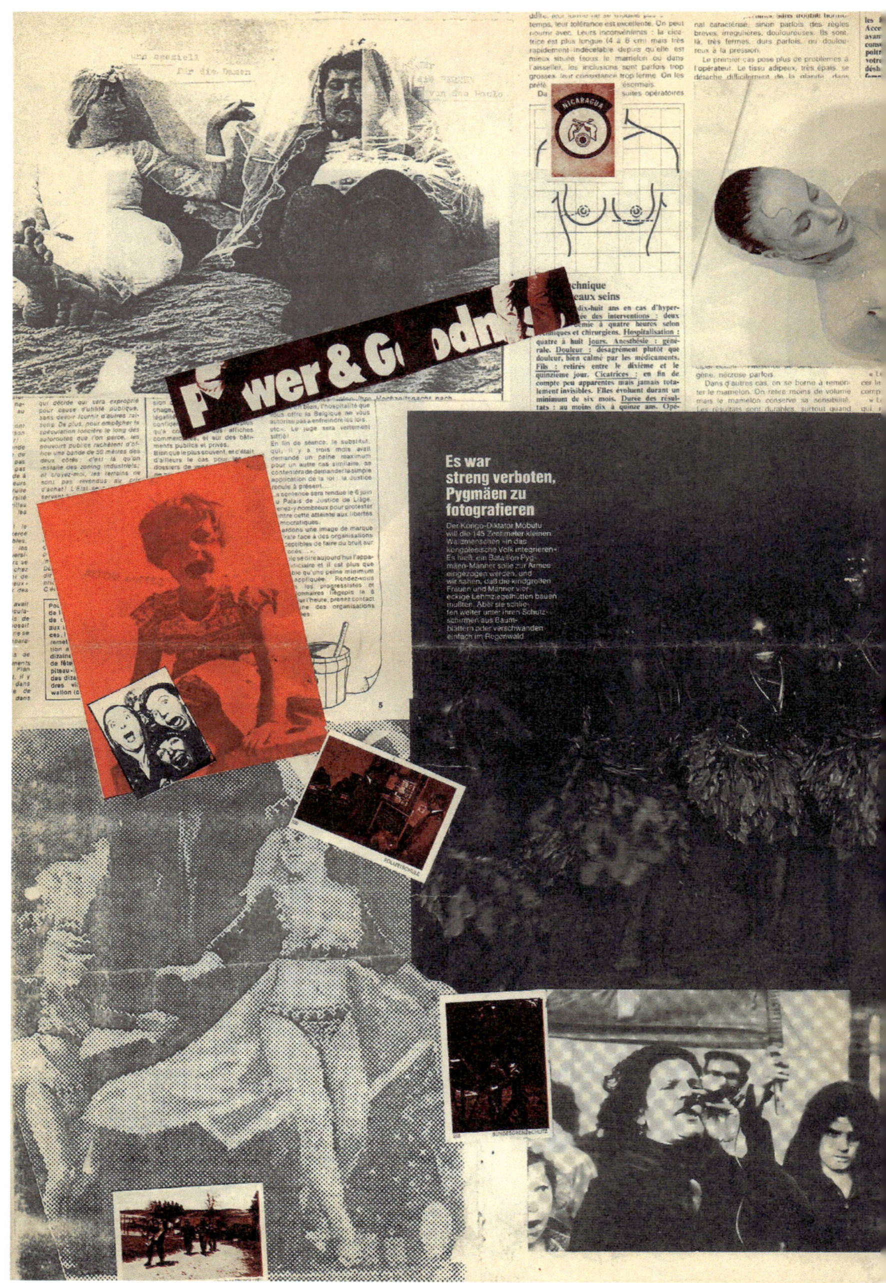

20 Sigmar Polke/Achim Duchow/Astrid Heibach/Katharina Steffen: „Day by Day … they take some brain away", 1976, Offsetdruck 42 × 30 cm, S. 8–9.

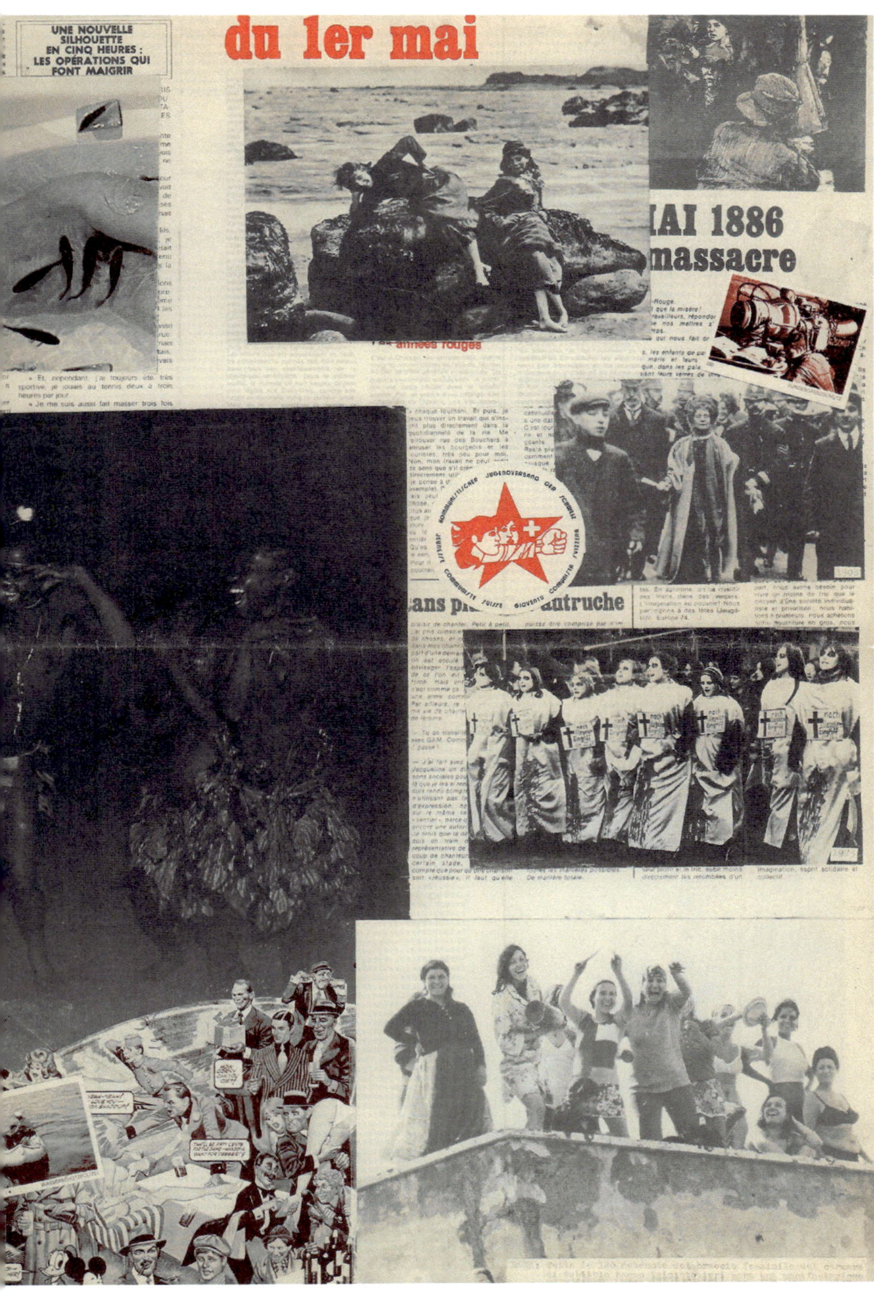
UNE NOUVELLE
SILHOUETTE
EN CINQ HEURES :
LES OPÉRATIONS QUI
FONT MAIGRIR
du 1er mai
années rouges
MAI 1886
massacre
ans plus autruche

Pistolen wirbt eine Unterwäschereklame mit dem Schriftzug „Soviel Freiheit wie nötig, soviel Mann wie möglich" und fasst in Steffens inhaltlicher Brechung so die selbstgemachte patriarchale Unterdrückung und Gewalt satirisch in Worte. Von dieser Doppelseite schwärmen kleine Bilder von Polizeischulen, Bundesgrenzschutz etc., die Sigmar Polke den Seiten hinzufügte, auf das kompositorische Spiegelbild, die Seiten acht und neun, aus und verstärken hier ihre numerische Präsenz. Diese Doppelseite widmete Katharina Steffen dem Thema der Selbstermächtigung der Frau. Den Mittelpunkt formt eine Abbildung aus der Zeitschrift *Stern*, welche selbstbewusst lachende Frauen aus einer der als Pygmäen bezeichneten Volksgruppen zeigt und vor dem Gebrauch für diese Collage über Steffens Bett in Zürich hing.[182] Um dieses Zentrum spinnt Steffen ein Netz aus Abbildungen von sozialen Rollen, die Frauen in unterschiedlichen Kulturkreisen einnehmen müssen, können und/oder möchten: Werbung für „eine neue Figur in fünf Stunden", eine Frau in Unterwäsche wird von einem Mann über die Schulter geworfen, ein Mädchen schreit, als könne sie die Bilder nicht aushalten. Neben diesen Ausschnitten sind protestierende Frauen und selbstbewusst posierende Frauen aus Zeitungen und ähnlichen Quellen zu sehen, oftmals mit Jahreszahlen, die auf historische Revolte schlussfolgern lassen. In der Darstellung westlicher Schönheitsideale und spärlich bekleideter Tänzerinnen kontrastierte sie die Sexualisierung und Unterdrückung der Frau mit Protestbewegungen für das Frauenwahlrecht, für die Legalisierung von Abtreibungen und für ein stärkeres Arbeitsrecht. Das Ergebnis ist ein Zeugnis geografisch und zeitlich unabhängigen feministischen Aktionismus.

Astrid Heibach gestaltete überwiegend die Seiten 18 und 22. Neben Bildmaterial, welches sie selbst beisteuerte, bezog sie eine Sammlung auf dem Dachboden des Gaspelshofs und auch Bücher aus dem nahen Regal im Wohnzimmer ein. Letzteres ist bei Seite 18 der Fall, für deren Gestaltung Sigmar Polke Astrid Heibach das Buch *Rock Dreams* zum Zerschneiden überließ.[183] Für die Collagen waren augenscheinlich auch keine gebundenen Bücher zu schade, um der Schere erspart zu bleiben.

Neben einer solchen großflächigen Gestaltung einer Seite sind auch kleine Bilder als Ergänzungen oder Weiterentwicklungen anderer Blätter zu verstehen. Kombinationen von Bildquellen, die scheinbar Bezug aufeinander nehmen, lassen sich teilweise nahezu kommunikativ lesen. Ein Beispiel ist

---

182 Ebd.

183 Cohn, Nik/Peellaert, Guy/Schober, Ingeborg: *Rock Dreams. Die Geschichte der Popmusik*, München 1973, nach Heibach, Astrid: „Anmerkungen zur gemeinsamen Arbeit an der Künstlerzeitung ‚Day by Day … they take some brain away'", 2020, unveröffentlicht, S. 4, Archiv der Anna Polke-Stiftung.

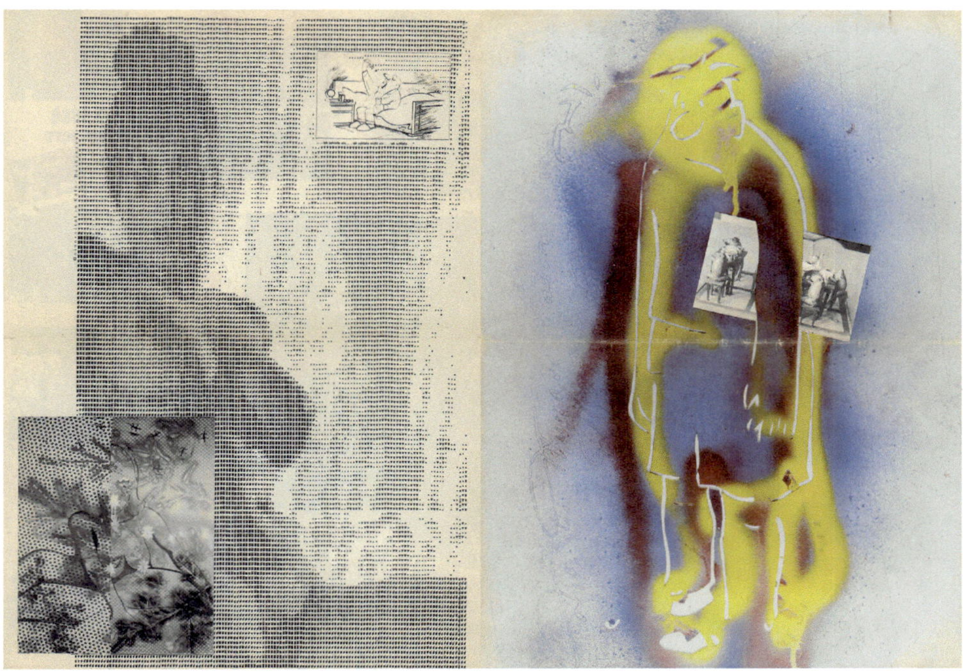

21 Sigmar Polke/Achim Duchow/Astrid Heibach/Katharina Steffen: „Day by Day … they take some brain away", 1976, Offsetdruck 42 × 30 cm, S. 22–23.

Seite 10 (Abb. 21). Den Hintergrund bildet hier ein gerastertes Bild einer nackten Frau, welches Astrid Heibach Sigmar Polke zuschreibt, während im Vordergrund ein Comic von Duchow eingesetzt wurde.[184] In der Symbiose scheinen sich die Rasterpunkte im Hintergrund an der Klebekante des Comics in Pillen zu verwandeln, die ein älterer Herr an der Bettkante einnimmt. Duchow nimmt Polkes Bildauswahl folglich als Aufschlag an, um formal zu retournieren und den Inhalt umzukehren. Aufschluss gibt dies darüber, wie die Arbeit der einen Person Einfluss auf die künstlerischen Entscheidungen der anderen nimmt und ein Ballwechsel oder eine stille visuelle Kommunikation entsteht. Das Ergebnis lebt aus dem Zusammenspiel der visuellen oder inhaltlichen als auch humorvollen Assoziationen verschiedener Beteiligter, die Beiträge teils weiterführen und teils kontrastieren. Dies ist bei den Seiten der Fall, die Astrid Heibach und Katharina Steffen gestalteten. Die kleinen Werbebilder der „Poli-

184 Ebd.

zeischule", des „Bundesgrenzschutz" und der „Bereitschaftspolizei" erinnert Katharina Steffen, bei der nächsten Betrachtung der Collagen nach der gemeinsamen Fertigstellung überrascht vorgefunden zu haben.[185]

Solches Zusammenarbeiten in der Form mehrerer Bildschichten beschränkt sich jedoch nicht nur auf zwei Schritte. Auf Seite 22 legen sich auf die von Heibach gewählten Illustrationen von Mick Taylor, Charlie Watts und Bill Wyman als Dragqueens und Kontaktanzeigen aus US-amerikanischen Zeitungen einige von Polke gewählte Bilder von Bühnenmotiven, einem Geldschein und einem Untersuchungsbefund einer Prostituierten oder Sexarbeiterin (Abb. 22). Den letzten Schritt macht wiederum Astrid Heibach durch die Zufügung des zentralen Motivs des Callgirls im roten Rock, der einer Kosmetikwerbung für Männer und einer Dragqueen aus einem John Waters-Film.[186]

Das Ergebnis der drei Klebeschichten weist eine thematische Erweiterung der Dragqueens und Callgirls auf, die im Zentrum von Heibachs Bildauswahl stehen. Erweitert wird dieses Thema durch die Aspekte der Bühne und des Schaustellens sowie durch die Konfrontation mit der Realität, die hinter der Performance liegt. In jeder Weiterentwicklung wird eine formale Reaktion auf die bestehende Gestaltung deutlich. So wiederholen die zwei Hälften der Bühne den rechteckigen Untergrund der Zeitung als auch die Breite der von Astrid Heibach vorher eingefügten Abbildung der Dragqueens. Zudem entscheidet Heibach sich dafür, die untere Bühnenhälfte als Plattform für das zentrale Callgirl zu nutzen als auch eine Diagonale im ersten Bildmaterial mit zusätzlichen Bildern zu bekräftigen. An beschriebenen Schichtungen der Collage lässt sich der Ablauf des zeitlichen Prozesses der Zusammenarbeit ablesen. Während die Besprechung der thematischen Ausrichtung in einem gemeinsamen Treffen den Grundstein legt, geschehen andere Schritte in zeitlichem Abstand zueinander.

Eingang in die Arbeit findet neben den gewählten Themen ebenfalls der gemeinsame Alltag der Beteiligten und deren Freund:innen. Beispielsweise durchdringt die Musik, die am Gaspelshof gehört wurde, diese Collage. Im Titel der Künstler:innenzeitschrift *Day by Day ... they take some brain away* treffen sich der Songtitel „Day by Day" von Kevin Ayers und eine Zeile aus „All the Madmen" von David Bowie „[...] they take some brain away".[187] Astrid Heibach schreibt: „Auf dem Gaspelshof haben wir auch während der Arbeit Musik gehört und Lieblingsschallplatten wiederholt aufgelegt. Einzelne Textzeilen wur-

---

185 Persönliche Korrespondenz mit Katharina Steffen.

186 Heibach 2020, S. 6.

187 Album *The Confessions of Dr. Dream and Other Stories*, Kevin Ayers, 1974; Album *The Man Who sold the World*, David Bowie, 1970 USA/1971 (UK); Heibach 2020, S. 2.

den hin und wieder mitgesungen, in Werken und Künstlerbüchern zitiert".[188] Dass sich ebenfalls Objekte aus dem Alltag in den entstandenen Werken wiederfinden, machten bereits das Bild aus der Zeitschrift *Stern*, welches ursprünglich über Katharina Steffens Bett hing, als auch der Einbezug des Buchs *Rock Dreams. Die Geschichte der Popmusik*, welches Teil der Einrichtung des Gaspelshofs ausmachte, deutlich.

Assoziative oder visuelle Gegenüberstellungen von Bildmaterial, individueller thematischer Input und Zeugnisse des Alltags finden sich auch in *Je.Nous/Ik.Wij*. In diesem Katalogbeitrag übernimmt die Fotografie die Hauptrolle. Der Beitrag entstand im Rahmen der an Sigmar Polke gerichteten Einladung, an der Veranstaltung Salto Arte und der folgenden Ausstellung im Museé d'Ixelles in Brüssel teilzunehmen.[189] Anlässlich dieser Benefizveranstaltung und der dadurch eingeleiteten Ausstellung wurde ein Katalog mit Beiträgen der teilnehmenden Künstler:innen hergestellt. Als Beteiligte werden auf der ersten Seite des Beitrags „Sigmar Polke, Kathrin Steffen, Achim Duchow, Astrid Heibach, Kaka Lemoine, Siggi Kraus, Lucky Luke und sein Freund" genannt, wobei Astrid Heibach den Gestaltungsprozess auf Polke, Duchow, Steffen und sich selbst herunterbricht.[190] Geschaffen wurden sieben schwarz-weiße Doppelseiten und eine Einzelseite, welche pro Seite zwei bis vier bearbeitete Fotografien abbilden. Sie zeigen gemeinsame Erfahrungen und Momente, die sich eine übernatürliche Wirkung teilen. Am unteren Seitenrand stehen Leitsätze, die die Bilder kontextualisieren und miteinander in Beziehung setzen. Neben dem primären Hintergrund der Schaubuden in Düsseldorf und Dortmund,[191] erkundet der Katalogbeitrag Maskeraden und optische Effekte. Inszenierung und Illusion stehen im Mittelpunkt. Die zentralen Gestaltungsmittel sind die Bearbeitung während des Entwicklungsprozesses der Fotografien und die eine suggestive narrative Reihenfolge. So entstehen Schatten, Lichter und Schlieren, die die Motive umhüllen und Handlungen in ihrer dokumentarischen Darstellung dekonstruieren. Im Gegensatz zu *Day by Day … they take some brain away* ist das Ergebnis monochromatisch, und die Collage bildet ohne Überschneidun-

---

188 Ebd.

189 Glozer 2015, S. 19. Diese Veranstaltung und Ausstellung wurden von Harald Szeemann organisiert, um die Zeitschrift *Pour* – kurz für „pour une expression libre" – finanziell zu unterstützen; Steffen, Katharina: „Wenn höhere Wesen Piano spielen", in: *Sigmar Polke und die 1970er Jahre. Netzwerke, Experimente, Identitäten*, hg. von Joseph Imorde/Eva Schmidt/Christian Spies, Ausst.-Kat. Museum für Gegenwartskunst Siegen, Siegen 2019, S. 37.

190 Heibach 2020, S. 1.

191 Die Schaubude in Dortmund gehörte Lemoines Onkel; persönliche Korrespondenz mit Astrid Heibach.

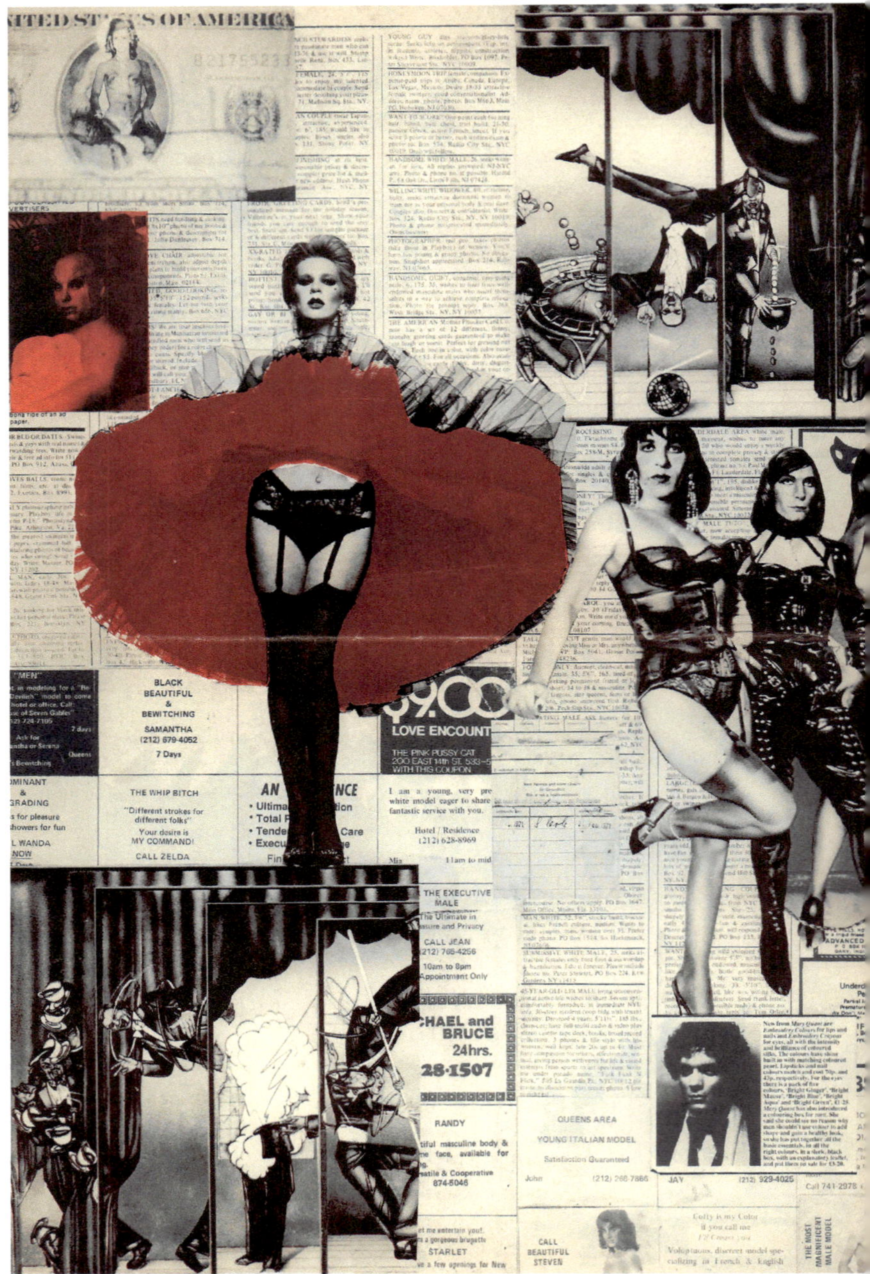

22 Sigmar Polke/Achim Duchow/Astrid Heibach/Katharina Steffen: „Day by Day … they take some brain away", 1976, Offsetdruck 42 × 30 cm, S. 10–11.

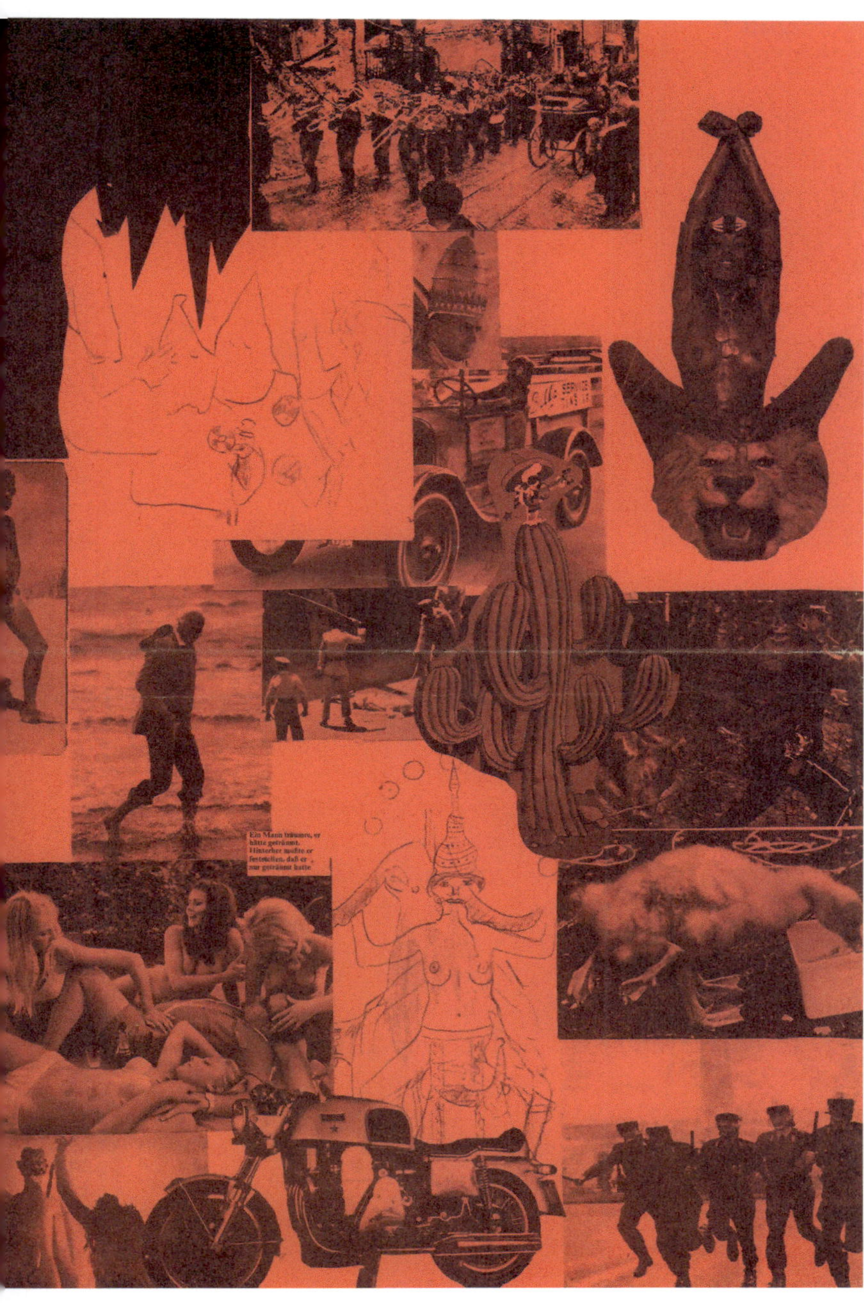

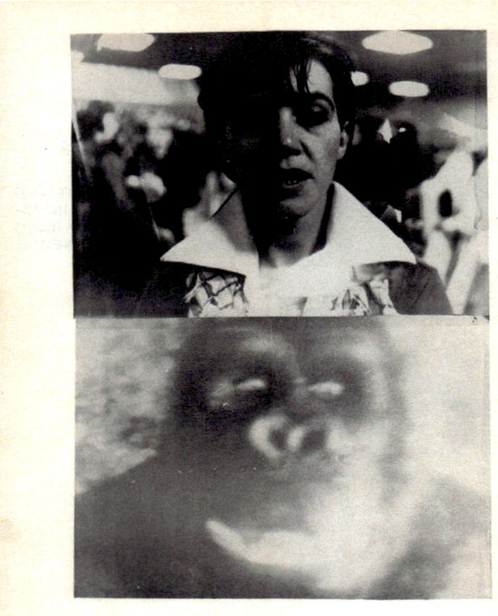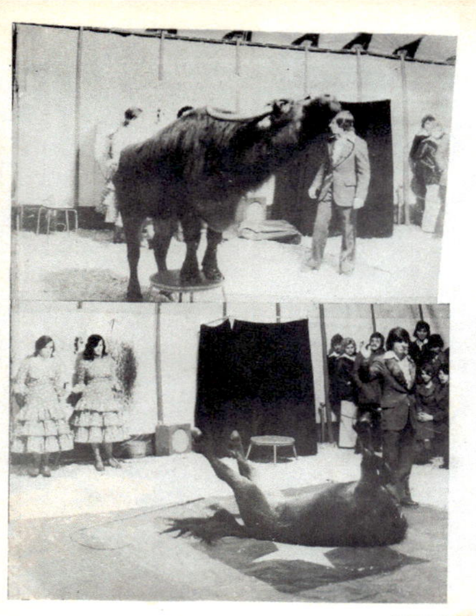

23 Sigmar Polke/Katharina Steffen/Achim Duchow/Astrid Heibach/Kaka Lemoine/Sigi Krauss/
Lucky Luke und sein Freund: Beitrag in dem Künstlerbuch „Je.Nous/Ik.Wij", 1975, 31 × 19,5 cm,
S. 2–3.

gen klar gerasterte Kompositionen, die allen Blättern eine Regelmäßigkeit ver-
leihen. Auf einigen Seiten sind Verdunklungen durch Klebestreifen sichtbar,
welche die Kanten der Fotografien minimal abweichend aneinander fixieren
und einen bewusst-amateurhaften Charakter vermitteln. Besonders auffällig ist
diese scheinbar schludrige Arbeit bei den Fotografien eines Lasso-Darstellers,
dessen Abbildungen nicht parallel nebeneinander geklebt sind und Kleberspu-
ren im Mittelpunkt des Bilds bündeln (Abb. 9).

Die Maßgabe für die namentliche Nennung zu Anfang des Beitrags
scheint die Involvierung an der Entstehung der Fotografien zu bilden, sei es
durch das Drücken des Auslösers, die Bearbeitung oder die Abbildung. Der
größte Teil des Bildmaterials stammt von Sigmar Polke und Achim Duchow.
Die Aufnahmen in den Schaubuden stammen von Astrid Heibach.[192] Die Auswahl der Abbildungen trifft die Gruppe später gemeinsam.[193] Diese Auswahl
bestimmt bereits das Potenzial optischer Illusionen im Grundmaterial, wie

192 Heibach, Astrid: [schriftlicher Kommentar zur Entstehung von *Je.Nous/Ik.Wij*],
undatiert, o. S., unveröffentlicht, Archiv der Anna Polke-Stiftung.
193 Ebd.

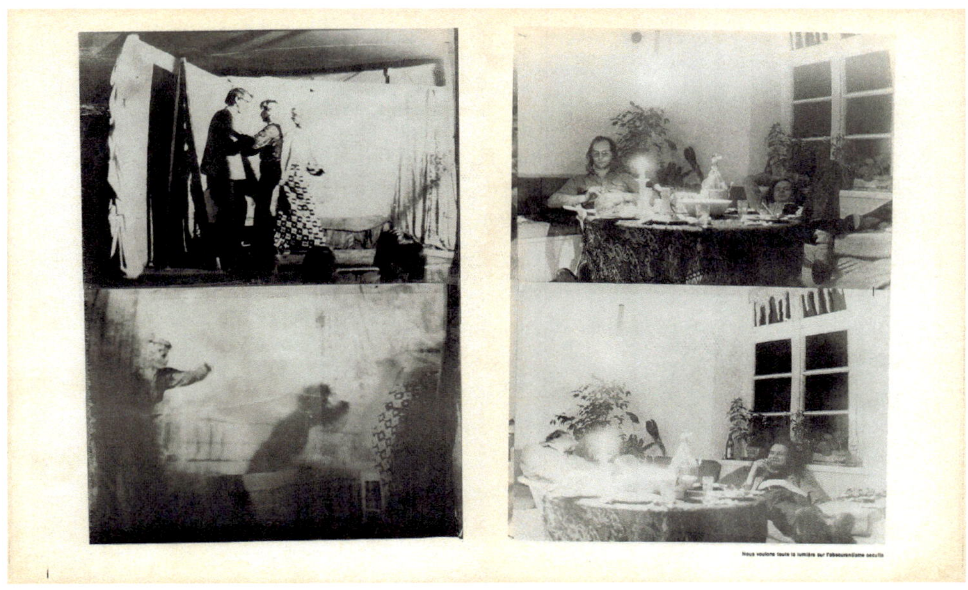

24 Sigmar Polke/Katharina Steffen/Achim Duchow/Astrid Heibach/Kaka Lemoine/Sigi Krauss/
Lucky Luke und sein Freund: Beitrag in dem Künstlerbuch „Je.Nous/Ik.Wij", 1975, 31 × 19,5 cm,
S. 10–11.

exemplarisch erkennbar an der Aufnahme eines Pferdes, dessen Kopf auf
übernatürliche Weise verschwunden scheint (Abb. 23).

Montiert ist diese Abbildung unter der eines Bullen. Beide Bilder zeigen
die Präsentation des Tieres in derselben Situation, vor zwei Frauen im Hintergrund und einigen Zuschauenden am rechten Bildrand. Diese Ähnlichkeit er-
weckt den Eindruck, das Tier habe sich schlagartig verwandelt und ihm fehle
plötzlich der Kopf. Die Negative der Schaubude bearbeitete Polke allein. Die
Dunkelkammer bildete regulär sein Revier.[194] Lediglich bei zwei Varianten der
fotografischen Vorlagen für das Ausstellungsplakat für *Original + Fälschung*,
die in *Je.Nous/Ik.Wij* ebenfalls Eingang fanden, ist bekannt, dass Polke und
Duchow sie gemeinsam entwickelten.[195] Die Veränderungen, die diesen Bearbeitungen folgten, hält Heibach in den Ausstellungen in der Kunsthalle Düs-

194 Persönliche Korrespondenz mit Katharina Steffen.
195 Verena Schündler, welche ebenfalls übergangsweise auf dem Gaspelshof lebte,
hielt dasselbe Motiv aus anderer Perspektive auf. Das entstandene Negativ nutzten
Polke und Duchow als Ausstellungsplakat für *Original + Fälschung*; persönliche Korrespondenz mit Astrid Heibach.

seldorf (2017) und im MGK Siegen (2019) anhand von Texten und den ursprünglichen Fotografien der Kirmes fest. In der Gegenüberstellung von *Je.Nous/Ik.Wij* und Heibachs Aufnahmen wird deutlich, welche Entscheidungen mit dem Ziel der übernatürlichen Wirkung getroffen wurden. Auf Seite 17 des Katalogbeitrags, welche den Ablauf einer Schaubuden-Attraktion abbildet, zeigen die oberen zwei Bilder eine Lasso-Nummer, die unteren eine Messerwerfer-Nummer. Auf der Grundlage Polkes Anordnung entsteht der Eindruck, der Mann im Hintergrund der oberen Zeile entkleide sich, statt, wie Heibach die reale Situation schildert, sich nach einer Darbietung wieder anzukleiden (Abb. 9).[196] Auf Seite 10 (Abb. 24) wird der Bildausschnitt, im Vergleich zu den anderen Fotografien, verkleinert und somit die Wirkung des Schattens der messerwerfenden Kaka Lemoine verstärkt. Dieser Schatten hüllt Lemoine nicht nur in Dunkelheit, durch den Bildausschnitt steht er im Bildzentrum und scheint sich von der Messerwerferin zu emanzipieren. Die Bühne, die auf dem oberen Bild Einblick in die Bühnenkulisse gewährt, ist auf dem unteren Bild nur noch unspezifischer heller Hintergrund. Vor diesem Hintergrund verschwindet Lemoines Hand und lässt sie aussehen, als hebe sie einen geisterhaft leeren Ärmel oder eine unsichtbare Hand.

In *Je.Nous/Ik.Wij* äußert sich der gemeinsame Arbeitsprozess im Vergleich zu *Day by Day … they take some brain away* in verstärkt konzeptueller Weise. Statt lesbarer Einzelschritte, die wortwörtlich aufeinander aufbauen, sind hier Erlebnisse dokumentiert und durch gemeinsame Entscheidungen der Beteiligten in eine homogene Form zusammengebracht. Die zentrale Rolle Sigmar Polkes durchzieht jedoch beide Werke: zum einen durch die Position als Initiator, zum anderen im Fall von *Je.Nous/Ik.Wij* durch das Bearbeiten in der Dunkelkammer, das die Werke an sein Œuvre bindet. Durch die Schritte des Fotografierens, des Bearbeitens und des finalen Drucks wird eine räumliche und zeitliche Trennung einzelner Arbeitsschritte deutlich, die jedoch weder visuell zugänglich noch mit der kommunikativen Natur der Vielschichtigkeit von *Day by Day … they take some brain away* vergleichbar ist. Von Bedeutsamkeit ist die inhaltliche Darstellung von Personen und Gemeinschaftlichkeit durch das Medium der Fotografie. So war die Schaubühne Szenetreff und Kulisse mannigfacher Fotografien.[197] Ähnlich steht es um die Motive des Fliegenpilzes und des Alkohols, welche in diesem Kontext Rausch und Illusion assoziieren und Bindeglieder mehrerer Werke als auch der gemeinsamen Zeit sind.

196 Ebd.
197 Lange-Berndt/Rübel 2017, S. 70.

Film und Fotografie

Retrospektiv wurde Fotografie als wichtiges Thema hinsichtlich Sigmar Polkes Werk der 70er-Jahre erkannt.[198] Laszlo Glozer schreibt in *Von Willich aus*, während der Jahre am Gaspelshof schließe sich „an das fulminante frühe Werk [...] eine Phase an, in der die Fotografie eine herausragende Rolle" gespielt habe.[199] Von Bice Curiger wird die Bedeutsamkeit sogar so hoch bemessen, dass sie schildert, die Malerei sei der Fotografie und dem Film teilweise gewichen.[200] In der Betrachtung von Autor:innenschaft stellt die Fotografie seit ihrer Entstehung einen komplexen Fall dar, birgt das Medium sowohl durch das Abbilden von Personen als auch die potenziell mehrhändige Zergliederung des Prozesses des Entwickelns Fragen bezüglich singulärer oder pluraler Autor:innenschaft. Dem Thema des pluralen Aufnahmekontexts widmet sich auch die von Martin Roman Deppner veröffentlichte Publikation *Fotografie im Diskurs performativer Kulturen* und schlägt über Vilém Flusser den Bogen zur Fotografie als körperlicher Aktion.[201] Im Verlauf des Buchs schildert Dunja Evers die Ambiguität und Unsichtbarkeit des inhaltlichen Schwerpunkts einer künstlerischen Arbeit: „Oft ist nicht klar auszumachen, an welchem Punkt es nur noch um das Bild [...] geht oder um die Erfahrung, die Performances auf dem Weg hin zum Bild".[202] Ein Großteil der um den Gaspelshof entstandenen Fotografien bildet unmittelbare Erfahrungen ab und stellt, wie im Falle von *Andromeda* oder *Buick Adventures* das gemeinsame Erlebnis in den Mittelpunkt. Formale Entscheidungen scheinen hier der Handlung *vor*, *um* und *hinter* der Kamera, sprich der Performanz, hintenangestellt. Katharina Steffen hält ihre Erinnerungen folgend fest: „Ich erinnere mich, wie Sigmar als Erstes ein paar Fotos von mir machte, wie ich so dasitze, am Tisch – nichts Außergewöhnliches also. Doch dann schob er die Kamera wortlos über den Tisch zu mir herüber, ab da war sie mein!"[203] Das Medium gibt dem sozialen Alltag ein Outlet. Wer das Foto macht, und wer zu sehen ist, hat den Anschein eines zu-

---

198 Nach Hentschel wird diese Bedeutsamkeit erst ab 1990 erkannt; Hentschel 2000, S. 383.

199 2015, S. 13.

200 Curiger 2019, S. 20.

201 Deppner, Martin Roman: „Fotografie im Diskurs performativer Kulturen – Vorwort", in: Deppner, Martin Roman (Hg): *Fotografie im Diskurs performativer Kulturen*, Heidelberg 2006, S. 7 ff.

202 Evers, Dunja: „Der künstlerische Akt als performativer Prozess", in: Deppner, Martin Roman (Hg.): *Fotografie im Diskurs performativer Kulturen*, Heidelberg 2006, S. 81.

203 Steffen 2019, S. 43.

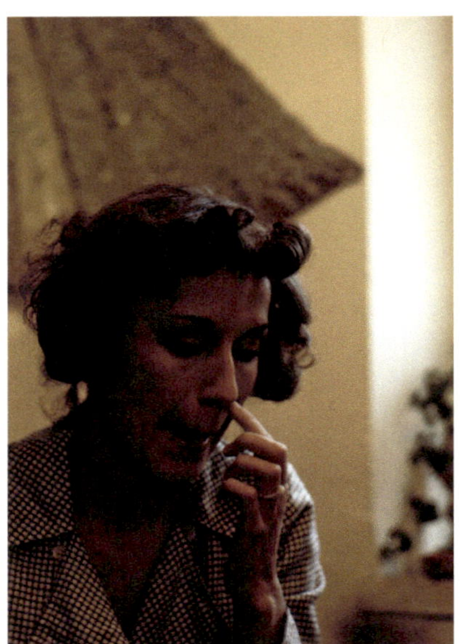

25 Achim Duchow: „Friends of the Seventies", ca. 1976, digitale Farbprints von 2017, 20 × 30 cm.

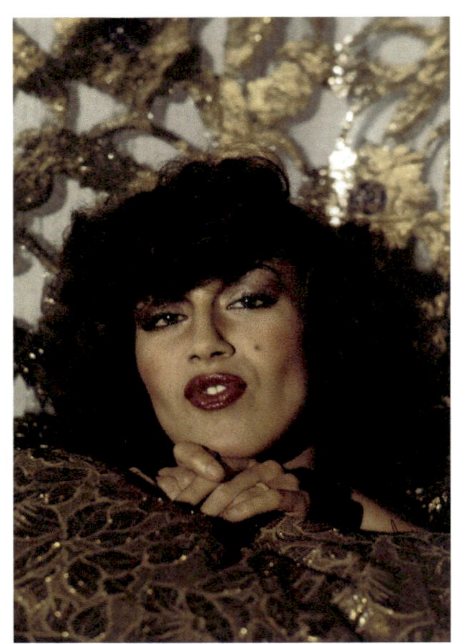

26 Achim Duchow: „Friends of the Seventies", ca. 1976, digitale Farbprints von 2017, 20 × 30 cm.

fälligen Ergebnisses eines Roulette-Spiels mit der Kamera. Für das Endergebnis, die als Kunstwerk proklamierte Fotografie, setzen Rübel und Lange-Berndt die Personen hinter und vor der Kamera einander gleich.[204] Aufgrund der Ermanglung einer direkten körperlichen Verbindung zwischen Werk und Autor:in der Fotografie, ist diese Beziehung nach Christian Spies grundsätzlich anderer Natur als jene zwischen Malerei und Maler:in.[205] Für den Siegener Katalog 2019 schreibt er: „[...] auch bei den Fotografien ist klar, dass sich die Autorschaft nicht auf die Person hinter der Kamera beschränkt, sondern die abgebildeten Personen und deren Aktionen mit umfasst [...]".[206] Aus dieser Perspektive zeigen die Medien Film und Fotografie per se die Annahme einer pluralen Autor:innenschaft. In einem 2016 veröffentlichten E-Mail-Interview äußert sich Katharina Sieverding wie folgt: „Film ist immer kollektives Arbei-

<hr>

204 Lange-Berndt, Petra/Rübel, Dietmar: „Cameleonardo Da Willich", in: *Memphis Schulze. Werkverzeichnis 1969–1993*, hg. von Katrin Menne et al., Köln 2014, S. 92.
205 Spies 2019, S. 113.
206 Ebd., S. 105.

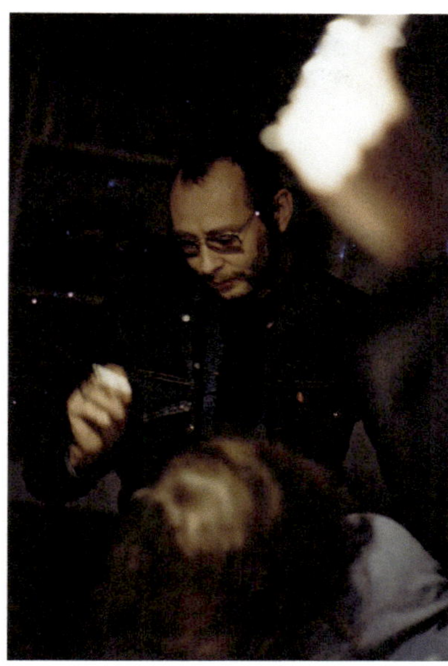

27 Achim Duchow: „Friends of the Seventies", ca. 1976, digitale Farbprints von 2017, 20 × 30 cm.

ten, ebenso wie künstlerische Produktion immer nur ein Ergebnis gesellschaftlich geleisteter Arbeit sein kann".[207]

Soziale Treffen finden während der 70er-Jahre häufig einen Weg, Teil der Kunst der Düsseldorfer Szene zu werden.[208] Im Katalog *Singular/Plural* führen Dietmar Rübel und Petra Lange-Berndt prominente Beispiele an, wie Klaus vom Bruchs über 100-teiliges Werk *Kinder des Olymp* (1974–1977/2015) und Achim Duchows *Friends of the Seventies* (1973–1978).[209] Letzteres porträtiert das Umfeld des Künstlers, teils in künstlicher Inszenierung und teils in der natürlichen Interaktion. Besonders deutlich macht dies der Vergleich zweier Fotografien von Benny Steiner (Abb. 25/26). Auf der einen Fotografie ist die Interaktion eindeutig ohne Bewusstseins für die Kamera abgelichtet, während die andere gestellt und, wie das Make-up andeutet, geplant zu sein scheint. Eine weitere Fotografie zeigt in Ähnlichkeit zu *Andromeda* die Kamera

---

207 „‚Film ist immer kollektives Arbeiten'. Ein E-Mail-Interview von Barbara Engelbach und Ursula Frohne mit der Künstlerin Katharina Sieverding", in: *Sigmar Polke. Film und Kunst*, hg. von Barbara Engelbach/Ursula Frohne, Ausst.-Kat. Museum Ludwig, Köln 2015, [anlässlich der Ausstellung „Alibis. Sigmar Polke. Retrospektive"], Köln 2016, S. 325.

208 Wyrwoll 2010, S. 8.

209 Lange-Berndt/Rübel 2017, S. 165.

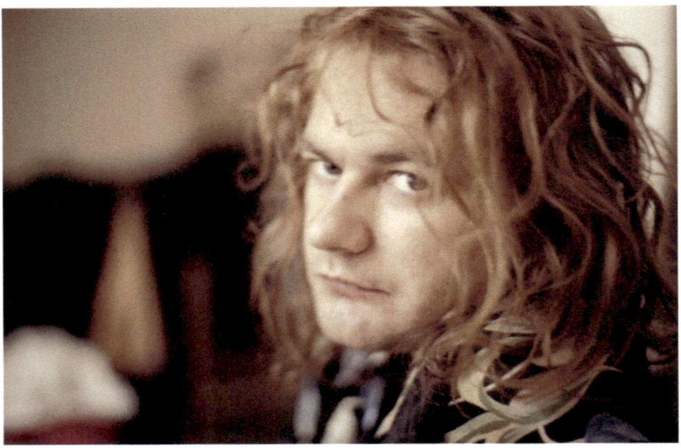

28 Achim Duchow: „Friends of the Seventies", ca. 1976, digitale
Farbprints von 2017, 20 × 30 cm.

als Begleitung zu sozialen Events. Unter dem direkten warmen Licht einer
nachts eingeschalteten Lampe bildet Sigmar Polke rauchend den Bildmittel-
punkt (Abb. 27). Für die Aufnahme muss der Sucher der Kamera sein Objekt
an verschiedenen Personen vorbei im überfüllten Raum finden. Alle sind in
Bewegung, und niemand scheint die Kamera wahrzunehmen. Hinter dieser
steht jedoch nicht zwingend Achim Duchow, denn er ist selbst auf einigen Fotografien der Serie abgebildet (Abb. 28). Eine dieser Fotografien hält fest, wie er
direkt in die Linse guckt, leicht abgewandt, jedoch scheinbar unbeeindruckt
von der Kamera. Der Name des Künstlers, den diese Werkgruppe trägt, ist
demnach nicht unmittelbar die Person am Auslöser – das Fotografieren ist wie
das Fotografiert-Werden ein Teil des Prozesses und das Produkt einer Situation. Im Gegensatz zur Malerei ist die (Porträt-)Fotografie selbst Provokateur
seiner pluralen Produktion. Aus der Anwesenheit der Kamera zu verschiedenen Anlässen als auch der natürlichen Akzeptanz dieser, wie sie die Fotografie
Duchows beweist, lässt sich folgern, dass das Agieren vor der Kamera für den
Kreis um den Gaspelshof alltäglich war.

Trotz pluraler Charakterzüge, die die Fotografie aufweist, sind Fotografien, die um den Gaspelshof entstanden, immer an einen singulären Namen
gebunden. Inwiefern von einer geteilten Autor:innenschaft der Fotografieren-
den und der Fotografierten gesprochen werden kann, ist sowohl juristisches
als auch philosophisches Thema. Die Juristin Molly Stech stellt folgendes For-
schungspotenzial dar:

For photographic works, judicial precedent establishes that the creative con-
tributions necessary to support a copyright claim include the author's choices

concerning elements such as lighting, pose, garments, background, facial expression, and angle. In many visual works, however, those creative elements are determined not solely by a photographer, but also by the subject, who can sulk or smile, stand with good posture or stoop, and be situated in full light or obfuscated by shadow, among many other options. A subject's rights in photographs has not been fully explored.[210]

Dem Aufkeimen eines solchen Forschungsinteresses innerhalb des Bereichs der Fotografie, in welchem die einzelne Kamera Autor:innenschaft und Autorität natürlich verbindet, spricht für eine umfassende Veränderung dieses Konzepts. Die aktive und ebenfalls bewusst künstlerische Inszenierung eines Motivs tritt bei den Fotografien Katharina Sieverdings und Mariette Althaus' zu Tage, die Teil der Publikation *Franz List kommt gern zu mir zum Fernsehen* sind. Blicke und Gelächter der Protagonistinnen der Fotografien *Toulouse Lautrec: Die Büglerin und die Trinkerin* deuten an, dass die zwei Akteurinnen ihre titelgebenden Rollen überschreiten und natürlich aufeinander reagieren. Die Rolle als auch das Brechen dieser zeigen eine Künstlichkeit auf, die für die Kamera produziert wird. Wie Ernst Mitzka beschreibt, wurde teilweise bewusst vorausgeplant, Kameras zu Veranstaltungen mitzunehmen, um dort Aufnahmen zu machen.[211] Inszeniert oder in natürlicher Handlung, regelmäßig war das Leben Motiv und Kunstprodukt. Dem entspricht auch Rübels Bild der fotografisch entstandenen „Bühne", auf der Abgelichtete zu Schauspieler:innen wurden.[212]

Zu den Entstehungsräumen vor, neben und hinter der Kamera fügt sich zusätzlich die zeitliche Ebene *nach* der Kamera hinzu: die Entwicklung des Films. Ein Schritt, der in Sigmar Polkes künstlerischen Prozesses zentral ist. Bei der Arbeit in der Dunkelkammer lässt sich am ehesten von einem isolierten Arbeitsschritt sprechen, welcher durch die Vorgabe des Prozesses mit Chemikalien, ohne Tageslicht kaum durchlässig für den Alltag ist. Hier werden teils im Plural aufgenommene Fotografien von Sigmar Polke gefiltert, bearbeitet und ans Licht der Welt gebracht. Katharina Steffen erinnert sich daran, dass freundschaftliche Treffen oder Kneipenbesuche in Willich für Polke in nächtlichen Experimenten in der Dunkelkammer enden konnten.[213]

---

210 Stech, Molly Torsen: „Co-Authorship Between Photographers and Portrait Subjects", in: *Vanderbilt Journal of Entertainment & Technology Law*, Jg. 25, Nr. 1, 2023, S. 53–112, https://cdn.vanderbilt.edu/vu-URL/wp-content/uploads/sites/356/2023/03/20025342/2.Stech-Co-Authorship_FINAL_Master.pdf (20. 3. 2025).
211 Persönliche Korrespondenz mit Ernst Mitzka.
212 Rübel 2009a, S. 132.
213 Persönliche Korrespondenz mit Katharina Steffen.

Hintergründe und Anreize pluraler Aktion

In den 70er-Jahren schrieb Barbara Reise, die künstlerische Kollektivität unklarer Autor:innenschaft des Zyklus *Original + Fälschung* sei gleichsam in einer sozialen Kollektivität zu erkennen; in einer „allgemeinen Philosophie des – Es-kommt-nicht-drauf-an-wer-was-macht oder wer-mit-wem-arbeitet etc."[214]

Gebündelte Kräfte für und gegen die Kunstwelt

Gemeinsame künstlerische Praxis um den Gaspelshof ist großteilig an die Figur Sigmar Polke gebunden. Das liegt nicht nur an der zentralen sozialen Stellung, die er als Mieter des Gaspelshofs einnimmt, sondern darüber hinaus an seinem bisherigen Erfolg im Kunstbetrieb und den von ihm dort geknüpften Kontakten.[215] Aus den bestehenden Kontakten und vergangenen Ausstellungen eröffnen sich Polke weiterführende Aufmerksamkeit, Anerkennung und zukünftige Ausstellungsmöglichkeiten. Erhard Klein bietet ihm beispielsweise 1977 die Chance, im Kasseler Kunstverein auszustellen.[216] Über die Ausstellung *Original + Fälschung* im Westfälischen Kunstverein (1973) und im Kunstmuseum Bonn (1974) wurde Dr. Eberhard Freitag, wie er es selbst in einem Brief an Polke formulierte, auf den Künstler aufmerksam.[217] Einen guten persönlichen Kontakt pflegte Polke neben den Galerist:innen Erhard Klein, Michael Werner und Ingrid Oppenheim ebenfalls zum Schweizer Toni

---

214 Reise, Barbara: „Wer … Was … ist Sigmar Polke", in: *Sigmar Polke*, hg. von Toni Stooss/Harald Szeemann, Ausst.-Kat. Josef-Haubrich-Kunsthalle, Köln 1984, S. 55.
215 „Gespräche mit Zeitzeugen. Erhard Klein", 2021, S. 107.
216 Ebd., S. 107 f.
217 Brief von Freitag an Polke vom 8. August 1974, Archiv der Anna Polke-Stiftung.

Gerber, der ihn mehrfach ausstellte.[218] Während Michael Buthe und auch Stephan Runge nur exemplarisch in Gerbers Privatsammlung vertreten sind, die heute zum Kunstmuseum Bern gehört,[219] ist das breite Konvolut an Polkes Arbeiten auffällig. Im Kontrast zu dieser arrivierten Stellung Polkes in der Kunstwelt der 70er-Jahre, beginnen einige der Künstler:innen aus dem Netzwerk um den Gaspelshof sich erst zu der Zeit hauptberuflich auf die Kunst zu konzentrieren. Achim Duchow und Astrid Heibach beginnen in den 70er-Jahren ihre Studiengänge, und Memphis Schulze wendet sich von der Ausübung seines Berufs als Polsterer und Raumgestalter 1977 hauptberuflich der Kunst zu.[220] Weiteren Teilen des Freundeskreises, wie Katharina Steffen oder Peter Breslaw, lässt sich der Begriff der Künstler:in im klassischen und vor allem studierten Sinne gar nicht zuordnen.

Der Impuls, an der von Eberhard Freitag als Einzelausstellung von Polkes grafischem Werk konzipierten Ausstellung in Kiel mitzuwirken,[221] ging laut Astrid Heibach von Polke und Duchow aus. Ihnen sei die Unzufriedenheit Heibachs in ihrem Studium an der Kunstakademie Düsseldorf bewusst gewesen, weswegen sie ihre Freundin ermutigten, an der Ausstellung mitzuwirken.[222] Im selben Jahr involvierte Polke den Kreis von Duchow, Heibach und Steffen ebenfalls in die Publikation *Day by Day … they take some brain away*, die für die XIII. Bienal de São Paulo entstand.[223] Erneut ging die Initiative der Zusammenarbeit von Polke aus, doch er war nicht in allen Fällen pluraler Aktion aktiver Initiator.[224] Im Zentrum der Biennale standen die Verleihung des Großen Preises für Malerei und die Ausstellung Polkes mit Blinky Palermo und Georg Baselitz im deutschen Pavillon. Trotz der exklusiven personellen Würdigung durch den Preis zeigte Sigmar Polke Malerei, die teilweise in Zusammenarbeit mit Achim Duchow entstanden war.[225] Letzterer erhielt auf

218 Videoaufnahme eines Gesprächs zwischen Anna Polke und Mariette Althaus, Archiv der Anna Polke-Stiftung.

219 *Die Sammlung Toni Gerber im Kunstmuseum Bern*, hg. vom Kunstmuseum Bern, Ausst.-Kat. Kunstmuseum Bern, Bern 1986.

220 Lange-Berndt/Rübel 2014, S. 14.

221 Brief von Freitag an Polke vom 8. August 1974, Archiv der Anna Polke-Stiftung.

222 Persönliche Korrespondenz mit Astrid Heibach.

223 Weiss, Evelyn: „Day by day … they take some brain away", in: *Sigmar Polke. Werke aus der Sammlung Froehlich*, hg. von Götz Adriani, Ausst.-Kat. Museum für Neue Kunst, Karlsruhe 2000/01, Ostfildern-Ruit 2000, S. 37.

224 Persönliche Korrespondenz mit Katharina Steffen.

225 Handbeschriebener Ausdruck einer Fotografie der Biennale in São Paulo 1975, Estate Achim Duchow.

eigenen Wunsch das zweite Flugticket, das Polke bereitgestellt worden war.[226] Vor Ort stellte Duchow über die arbeitsteiligen Werke hinaus eigene Kunst aus. In einem Interview von Stephan von Wiese beschreibt er, er habe seine Malerei mit der Hoffnung im Flugzeug transportiert, die eingeladenen Künstler seien mit der Montage an der Außenwand des Pavillons einverstanden.[227] Bereits in den 60er-Jahren hat der mit Polke befreundete Kunststudent Christof Kohlhöfer in ihm einen Befürworter und aktiven Realisator seiner Interessen gefunden. Sigmar Polke war zu der Ausstellung *Konzeption – Conception* eingeladen, zu der Kohlhöfer sich ebenfalls eine Einladung gewünscht hatte. Über die Zusammenarbeit an *Der ganze Körper fühlt sich leicht und möchte fliegen* (1969) fand Kohlhöfer einen Weg in die Ausstellung: „Ich schlug Sigmar einen Trick vor; und zwar dem Kurator mitzuteilen, er wolle seiner Arbeit noch einen Kurzfilm hinzufügen, den er mit mir drehen würde. Es folgte sein berühmtes Polkegrinsen & er setzte es durch"[228]. Plurale Werkproduktion äußert sich im Kosmos des Gaspelshofs als Way-In des Kunstbetriebs, an dem Sigmar Polke bereits Teil hatte. Mit dem Ziel der Unterstützung seiner Freund:innen fand er teils aktiv und ungefragt und mal als Möglichmacher Wege, sie an Werken und an Ausstellungen zu beteiligen.

Neben dem Wohlwollen, die Karriereschritte der Freund:innen zu unterstützen, äußert sich eine Motivation gegen Strukturen des Kunstbetriebs zu handeln, so weist das von Kohlhöfer beschriebene „Polkegrinsen" auf Freude am Unterlaufen kuratorischer Vorstellungen hin. Dieser Aspekt lässt sich auf der Grundlage der Publikation *Film Kritisch* 1971 unterstreichen. Hier formulieren Achim Duchow, Lutz Mommartz, Christof Kohlhöfer und weitere Kritik an dem Bild des gesellschaftsfernen „genialischen Individualschaffer[s]"[229]. Diese Perspektive kommt ebenso im Falle der Publikation *Day by Day ... they take some brain away* zu tragen. Das Heft gefärbter Collagen wurde anstelle des von der Kommissarin Evelyn Weiss intendierten Katalogs produziert, womit Polke sich bewusst gegen ihre anfänglichen Zweifel durchsetzte.

226 Persönliche Korrespondenz mit Katharina Steffen.
227 Duchow, Achim/Wiese, Stephan von: „Hart am Wind segeln", in: *Achim Duchow. Blindes Vertrauen. Werkverzeichnis 1971–1993*, hg. von Max Schulze/Lili Helena Duchow/Barbara Lange-Duchow (Estate Achim Duchow), Düsseldorf 2023, S. 207 f. Dabei handelt es sich u. a. um die Malereien *Gerechtigkeitsgasse* (1974), *Kartoffelfrau* (1974) und die Collagen *Notgeld*.
228 „Gespräche mit Zeitzeugen. Christof Kohlhöfer", in: *Sigmar Polke. Photographs (1964–1990)*, hg. von Silke Lemmes/Bianca Quasebarth, Ausst.-Kat. Sies + Höke, Düsseldorf, Kicken Berlin, Berlin 2021/22, Bönen/Westfalen 2021, S. 108–110.
229 *Film Kritisch*, hg. von Christof Kohlhöfer/Lutz Mommartz/Tony Morgan, Kat. Kunsthalle Düsseldorf, Düsseldorf 1971, o. S.

Weiss nahm das unkonventionelle plurale Format erst nachträglich als dem Werk Polkes entsprechend wahr.[230] 2022 formulierte Janice Mitchell: „Heute gilt Kollektivität vor allem als Akt des Protestes. Wir sehen darin die Ablehnung der individuellen Künstler:innen-Identität und der romantischen Vorstellung vom Künstler als singuläres Genie".[231] In der Betrachtung des Gaspelshofs fallen weitere Aspekte auf. Astrid Heibach führt die Zusammenarbeit rückblickend ebenfalls auf die vielen Ausstellungen zurück, zu denen Polke Mitte des Jahrzehnts eingeladen war und die zu Zeitdruck führten.[232] Allein im Jahr 1975 stellt Polke unter anderem in Kiel, Bonn, São Paulo, Brüssel, New York und Paris aus. Eine Nachricht Polkes an den Galeristen Toni Gerber bekräftigt diese Vermutung, denn er formuliert in einer satirischen Vorwegnahme Gerbers Gedanken bezüglich seiner Grafiken der *Telefonzeichnungen*: „wenn er [Polke] Zeit hätte würde er sicher was überlegteres hinkriegen".[233] Daraufhin fährt Polke fort, er arbeite Werke und Projekte nacheinander ab und plane in naher Zukunft Arbeiten für Gerber ein.[234] Den Zeitdruck belegt Katharina Steffen, relativiert jedoch die Gewichtung für die Zusammenarbeit, da sie die mangelnde Zeit als „Akzelerator" empfunden hatte.[235]

Kunst von Kolleg:innen und Freund:innen

In den Werkstätten der großen Namen der älteren Kunstgeschichte, wie Cranach, Rubens oder Rembrandt, entsprach das arbeitsteilige Malen innerhalb einer Werkstatt der Norm.[236] Aktuelle Studios mit verschiedenen Teams unter der Leitung von Großkünstler:innen ließen sich in diese Tradition einordnen. Im Gegensatz zur Alten Kunst besteht jedoch wenig Interesse an der Differenzierung der beteiligten Hände.[237] Während es der Forschung bei Cranach ein Anliegen ist, den Arbeitsanteil der Werkstatt auszumachen, sind es im Falle

---

230 Weiss 2000, S. 37.
231 Mitchell, Janice: „Kollektive und Politik", in: *Kunstforum International*, Bd. 285, 2022, S. 82.
232 Persönliche Korrespondenz mit Astrid Heibach.
233 Ausst.-Kat. Bern 1986, S. 49.
234 Ebd., S. 50.
235 Persönliche Korrespondenz mit Katharina Steffen.
236 Butin, Hubertus: „Die Crux mit der Signatur. Der Namenszug in der modernen und zeitgenössischen Kunst zwischen Affirmation und Dekonstruktion", in: Hegener, Nicole/Horsthemke, Florian (Hg.): *Künstlersignaturen von der Antike bis zur Gegenwart*, Petersberg 2012, S. 403.
237 Ebd.

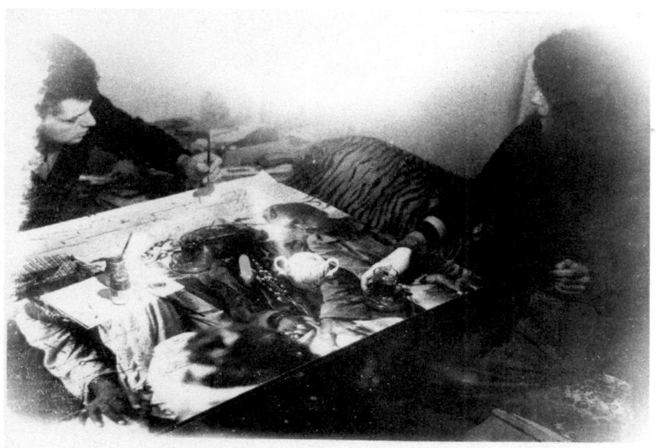

29 Sigmar Polke: „ohne Titel (Gaspelshof)", 1978, Fotografie, 20 × 30 cm.

Damien Hirsts, Olafur Eliassons oder der späten Arbeiten Jörg Immendorffs die Verantwortung und Autorisierung des Künstlers, die ausschlaggebend sind.[238]

In diese Reihe scheinen Sigmar Polke und der Gaspelshof sich beim ersten Blick auf eine Fotografie einzuordnen, die in den Katalogen der Ausstellungen des MGK Siegen und der Kunsthalle Hamburg abgebildet ist. Sie zeigt Markus Oehlen bei der Kolorierung einer von Polkes *Quetta*-Fotografien (Abb. 29). Der jüngere Bruder von Polkes Studenten Albert Oehlen sitzt am Kopfende der Fotografie, die wie eine „Tischdecke"[239] vor ihm und Katharina Steffen liegt. Letztere hat ein Getränk auf Sigmar Polkes Arbeit abgestellt und scheint mit Oehlen im Gespräch. Polke hat den Ruf, seine Klasse stark zu fördern und darunter insbesondere Albert Oehlen.[240] Freitag und Vogel schreiben 1975 über Sigmar Polke: „Künstler im üblichen Verstande oder nicht – wer mit ihm zusammen ist, nimmt teil an der Produktion".[241]

Eine Fotografie Duchows hält die arbeitsteilige Entstehung eines weiteren Werks Sigmar Polkes, der Malerei *Mao*, fest (Abb. 30). *Mao* ist ein formatfüllendes Porträt von Mao Tse-tung/Mao Zedong inmitten eines Gewirrs verschiedener Ebenen von Zeitungstiteln, Menschenmengen und asiatisch anmutender Menschenbilder. Um den Kopf Mao Zedongs ist ein heller Kreis

238 Ebd., S. 402.
239 Lange-Berndt/Rübel 2009, S. 46.
240 Persönliche Korrespondenz mit Stephan Runge.
241 Freitag/Vogel 1975, S. 7.

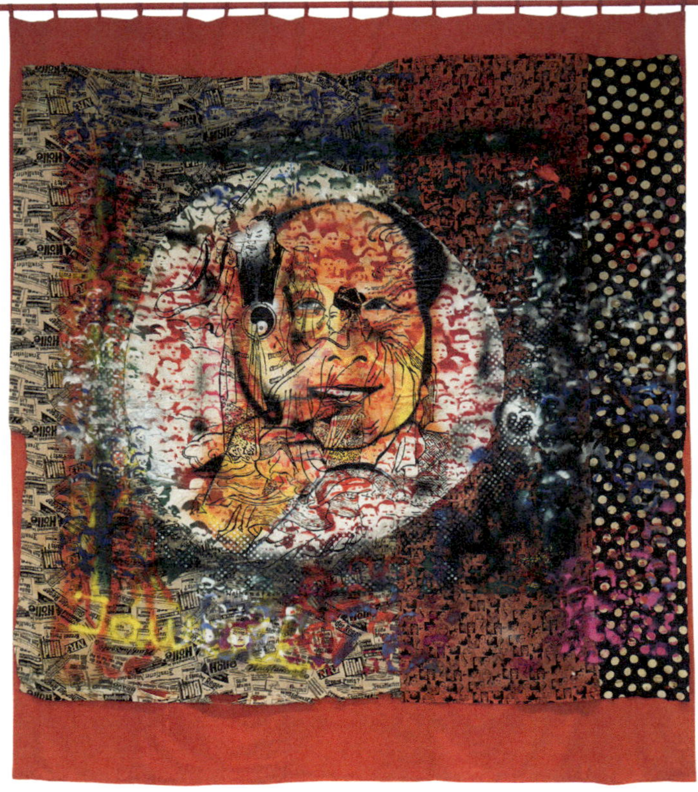

30 Sigmar Polke u. a.: „Mao", 1972, Acryl auf Dekostoff auf Leinwand, Stange, 374 × 314 cm.

mit weniger Farbe bedeckt, als befände er sich im Lichtkegel eines Scheinwer-
fers. Die Schablone für das Sprühen des Porträts fertigte nach Angabe Dietmar
Rübels und Petra Lange-Berndts Memphis Schulze, während Achim Duchow
den Graffiti-artig gesprayten Ausruf „Jawohl!" hinzugefügt haben soll.[242] Die
Fotografie Duchows zeigt den Herstellungsprozess der Fotografie und gibt Aus-
kunft über die Anwesenheit mehrerer Personen, welche über Sigmar Polke
und die weiteren ausführenden Personen hinausgehen (Abb. 31). Sichtbar
wird der bearbeitete Untergrund, auf dem die weiße Schablone aufliegt und
der im Moment der Aufnahme der Fotografie besprüht wird.

242 Lange-Berndt/Rübel 2017, S. 44 ff.

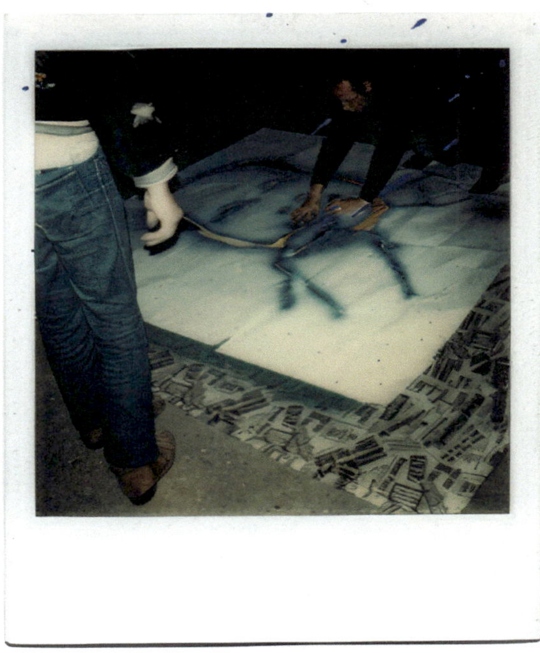

31 Achim Duchow: „ohne Titel (Willich)“, 1975, Polaroid, 10,5 × 9 cm.

Der Prozess des Malens tritt als Teil des Teamworks und Teamplays des Gaspelshofs auf. Als Effekt dessen, Sigmar Polke zu unterstützen, mutmaßt Katharina Steffen, die auf der Fotografie neben Oehlen sitzt, Freude und Stolz, statt des Gefühls für ihn gearbeitet zu haben.[243] Von der Frage Polkes nach Mithilfe bei dem Sprühen einer Arbeit berichtet auch Astrid Heibach,[244] welche aus mangelnder Freude an der Tätigkeit jedoch zukünftig keine solche Unterstützung übernehmen sollte. Kombiniert mit Friedrich Heubachs Betonung „Willich [sei] nicht von einem *executive artist* dominiert [worden], also einem Künstler, der konzeptuell arbeitet, und andere ausführen lässt“ erscheint solche Zuarbeit als Akt der freundschaftlichen Hilfsbereitschaft.[245] Die Darstellung Steffens mit einer Tasse in der Hand deutet die Geburt solcher Mithilfe aus der Nähe von Kunst und Alltag an. Die Position des unfertigen Kunstwerks als „Tischdecke“[246] macht ein spontanes Handanlegen genauso möglich wie das begleitende Trinken eines Tees. Die Hände, die beim

243 Persönliche Korrespondenz mit Katharina Steffen.
244 Persönliche Korrespondenz mit Astrid Heibach.
245 Lange-Berndt/Rübel 2009, S. 48.
246 Ebd, S. 46.

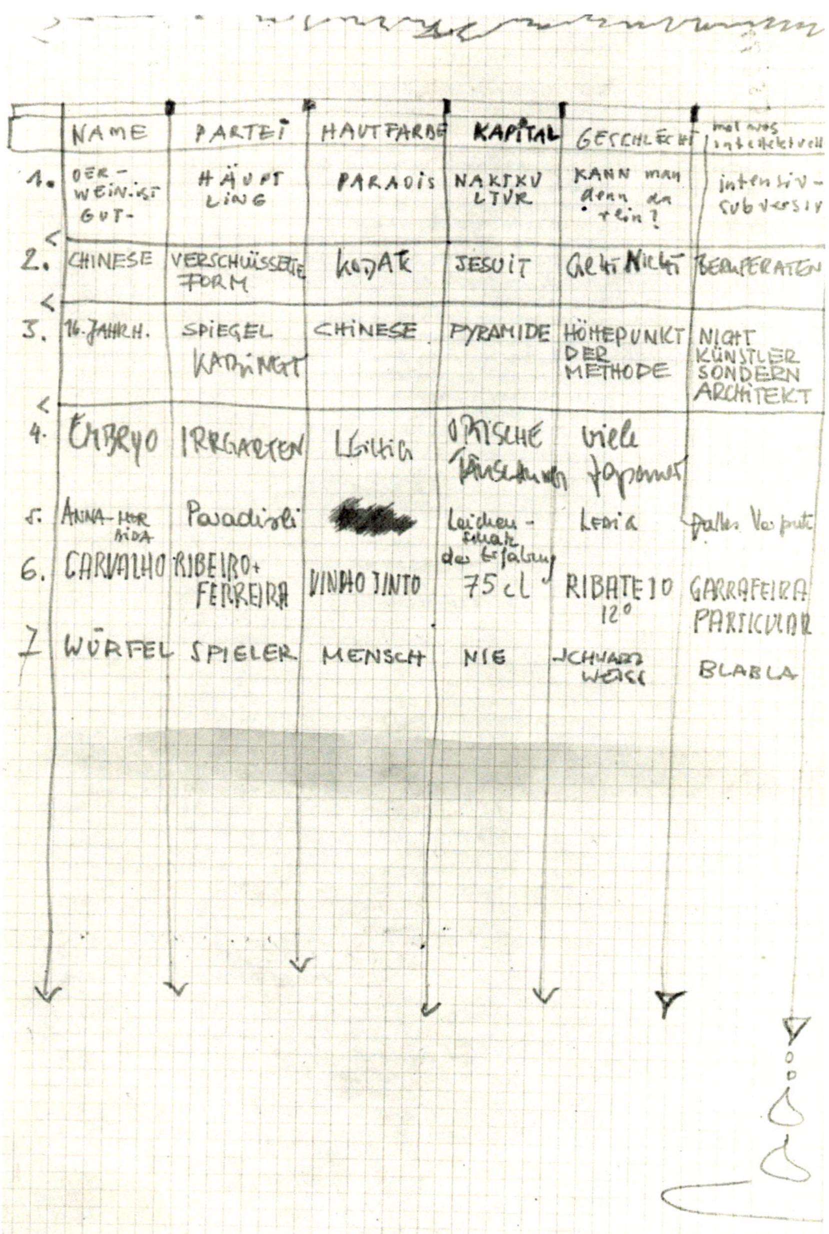

32 Gesellschaftsspiel abgedruckt in: *Sigmar Polke: Fotos, Achim Duchow: Projektionen*, hg. vom Kasseler Kunstverein, Ausst.-Kat. Kasseler Kunstverein, Kassel 1977, o. S.

Malen, Sprühen und Schneiden der Schablonen halfen, tun dies nicht in der Erwartung einer gezielten Gegenleistung, stattdessen bilden diese Unterstützungen Teile eines weiteren sozialen Gebens und Nehmens um den Gaspelshof, zu welchem unter anderem die Förderung von Ausstellungsmöglichkeiten oder die Zahlung der Kneipenrechnung durch Polke gesehen werden kann.[247] Retrospektiv betont Stephan Runge den situativen Charakter solcher Unterstützungen als „Zugaben" zum Kernwerk.[248] Mariette Althaus und er betonen, dass Sigmar Polke entschieden hätte, wann ein Werk als solches abgeschlossen ist.[249]

Eine Seite des Katalogs *Sigmar Polke: Fotos, Achim Duchow: Projektionen* (Abb. 32) bekräftigt die Relevanz der privaten Verbindung der Beteiligten. Abgedruckt ist ein Blatt Papier, auf welchem Polke, Duchow, Heibach und Steffen ein Spiel spielten, bei dem eine versatzstückartige Erzählung durch den Austausch des Papiers von den Vieren weitergeführt wurde. Die Inklusion des Spiels in den Katalog materialisiert die gemeinsame Freizeit unmittelbar in die Form des Kunstprodukts und zeichnet die Zufälligkeit auf, die die Kunst um den Gaspelshof prägte. Auf der Basis gemeinsam verbrachter Zeit konnte sich ungeplant ein Zusammenwirken entwickeln, das kurz- oder langfristig zu der Entstehung von Kunst führte. So konnten Stephan Runge zufolge Personen aus dem folgenden simplen Grund involviert sein: „Die waren da".[250] Die Philosophie des „Es-kommt-nicht-drauf-an-wer-was-macht oder wer-mit-wem-arbeitet" lässt sich innerhalb des Rahmens der persönlichen Beziehungen folglich bestätigen, sie schlägt sich hingegen in keiner Willkür der Konstellation nieder. Grundlegend ist hier der Hintergrund der Anwesenheit der Künstler:innen am Gaspelshof. Der zentrale Mitspieler Polkes ist in den 70er-Jahren Achim Duchow, deren Freundschaft Duchow humorvoll als Heirat beschreibt.[251] Auch weitere Kernfiguren, wie Katharina Steffen oder Mariette Althaus, sind über romantische Beziehungen mit Polke verbandelt, wie ebenfalls Astrid Heibach mit Achim Duchow. Neben Heibach, die angibt, auf dem Gaspelshof in erster Linie wegen Duchow Zeit verbracht zu haben,[252] stellt auch Ernst Mitzka heraus, dass sein Anreiz, an vereinzelten Wochenenden

247 Persönliche Korrespondenz mit Katharina Steffen.
248 Persönliche Korrespondenz mit Stephan Runge.
249 Videoaufnahme eines Gesprächs zwischen Anna Polke und Mariette Althaus, Archiv der Anna Polke-Stiftung.
250 Persönliche Korrespondenz mit Stephan Runge.
251 König 1990, S. 14.
252 Persönliche Korrespondenz mit Astrid Heibach.

nach Willich zu fahren, darin bestand, Sigmar Polke zu besuchen.[253] Trotz des gemeinsamen Kontexts Kunst machten folglich die privaten Beziehungen das Bindegefüge des Gaspelshofs aus. Die plurale Werkproduktion steht entsprechend auf einem Grundstein enger persönlicher Kontakte als auch eines hohen Ausmaßes gemeinsam verbrachter Zeit und dem Interesse, zukünftig weitere Zeit zu teilen.[254]

Die Tatsache, dass Personen wie Peter Breslaw oder Peter Saunders, die keine künstlerischen Ausbildungen haben, ebenfalls Teil von Projekten wurden, wie besonders anlässlich *Mu Nieltnam Netorruprup*, lässt sich als Förderung kreativer Ausübung lesen. Katharina Steffen äußert sich, Polke hätte künstlerische Arbeit als auch die Veröffentlichung dieser ins Rollen gebracht.[255] Diese Wahrnehmung teilt Wulf Herzogenrath nicht nur, er veröffentlichte sie 1979 in einem Katalogtext des Kölnischen Kunstvereins. Er formuliert: „vieles wäre ohne seine [Polkes] künstlerische Arbeit und seinen Lebensstil als Anregung anders, ruhiger, im Sande verlaufen".[256] In besonderem Maße wird die Förderung, wie sie hier beschrieben wird, in einer Ausstellungsreihe in der Galerie Klein offenbar. Polke bestand bei der Planung einer seiner Ausstellungen in der Bonner Galerie darauf, auch seinen Freund:innen Einzelausstellungen zu ermöglichen. Polke sei in dieser Hinsicht „rigoros" gewesen, so Runge.[257] Aus dieser Anforderung ergaben sich Ausstellungen von Stephan Runge, Achim Duchow, Klaus Mettig und Katharina Sieverding wie auch die gemeinsame Planung auf dem Gaspelshof.[258] In der Wahrnehmung Stephan Runges habe Polke ihn und die anderen Künstler:innen in das Ausstellungsprogramm „reingedrückt"[259]. Klein erinnert sich folgendermaßen an die Ausstellung:

> Ab April 1975 veranstaltete Sigmar demokratisch in meiner Galerie eine Ausstellungsreihe [...]. Das war fantastisch! Fünf Monate lang Polke, Duchow und Co. bei mir – und ich bei Ihnen! In Düsseldorf und auf dem legendären Gaspelshof in Willich.[260]

<hr>

253 Persönliche Korrespondenz mit Ernst Mitzka.
254 Hier ergibt sich eine Verbindung zur „Mülheimer Freiheit", die nach eigener Aussage ebenfalls ihre Verbindung auf Freundschaft stützen; Faust 1982.
255 Persönliche Korrespondenz mit Katharina Steffen.
256 Herzogenrath, Wulff: „Eine Kölner Kunstszene!", in: *Fünf in Köln. Michael Buthe, Sigmar Polke, Ulrike Rosenbach, Gerhard Rühm, Alf Schuler.*, hg. vom Kölnischen Kunstverein, Ausst.-Kat. Kölnischer Kunstverein, Köln 1979, o. S.
257 Ebd.
258 Persönliche Korrespondenz mit Stephan Runge.
259 Ebd.
260 „Gespräche mit Zeitzeugen. Erhard Klein", 2022, S. 108.

Neben Achim Duchow waren in diesem Rahmen vermehrt Personen involviert, die zuvor sozial statt künstlerisch mit Polke verbunden waren. Exemplarisch ist Katharina Sieverding zu nennen, welche über den Auftritt in Videos und Fotos hinaus an keiner pluralen Werkproduktion Teil hatte. Für den Katalogbeitrag *Je.Nous/Ik.Wij* entwickelte sie einen eigenen Beitrag, statt an dem mitzuwirken, den eine Gruppe um Polke, Steffen, Duchow und Heibach gemeinsam fertigte.

Diese Dynamik zwischen Polke und seinen Freunden und Freundinnen unterscheidet die Konstellationen der 70er-Jahre von der, in welcher Polke in den 60er-Jahren mit Lueg und Richter funktionierte. Damals profitierte der noch studierende Sigmar Polke von den Ausstellungsmöglichkeiten, die sich gemeinsam mit dem neun Jahre älteren Richter und dem als gut vernetzt geltenden Lueg erschlossen.[261] In dieser Konstellation hat es laut Andreas Butin jedoch konkurrenzgesteuerte Konflikte gegeben.[262] Während der 70er-Jahre scheint es, als kehrte Polke seine Beziehung zur Kunstwelt um. Das spiegelt auch die Abweichung Polkes von seinem Verkauf bringenden roten Faden der Malerei und dass er während dieser Jahre am Gaspelshof unter manchen Personen als „abgetaucht" galt.[263]

Das Kuratorinnen-Kollektiv What, How & For Whom schreibt: „Mit anderen Worten existiert kollektive Kreativität nur als ein nie abgeschlossener Prozess, in dem Kreativität als ein Nebeneffekt der emanzipatorischen Kräfte eines Kollektivs wirkt."[264] Im Gegensatz zu dieser weit verbreiteten Interpretation, Kollektivität sei ein ästhetisches Mittel des Protests und des Widerstands gegen Strukturen der Kunstwelt, tritt die kreative Pluralität am Gaspelshof als ein Effekt des sozialen Plurals auf. Nichtsdestotrotz bieten What, How & For Whom Begriffe, die transformiert auf den Gaspelshof angewendet werden können. Auch hier ergibt sich Pluralität größtenteils als prozessuales „Nebenprodukt". Als Nebenprodukt sozialer Beziehungen, freundschaftlichen Wohlwollens und gemeinsam verbrachter Chancen, Zeit und Energie.

261 Butin 2004, S. 46–49.
262 Ebd.
263 Glozer 2015, S. 6, S. 13.
264 What, How & For Whom: „Die Umrisse des Möglichen", in: *Kollektive Kreativität*, hg. von René Block, Kunsthalle Fridericianum, Kassel, Frankfurt am Main 2005, S. 11.

Sichtbarkeit von Autor:innenschaft

Aber Polke lebte und arbeitete auch mit vielen weiteren Künstlern und anderen Leuten zusammen, mit so vielen, dass bereits der Versuch, bei einem der Werke zu irgend einem Zeitpunkt das Rätsel ‚Wer ist wofür verantwortlich?‘ zu lösen, die Sicherung eines Computers zum Schmelzen bringen würde.[265]

Der Ausdruck „für etwas verantwortlich zu sein“ kann umgangssprachlich für die Herstellung einer Sache genutzt werden, deutet per definitionem jedoch auf die Person, die verpflichtet ist „für etwas Geschehenes einzustehen (und sich zu verantworten)“.[266] Die Schwierigkeit der öffentlichkeitswirksamen Handhabung der pluralen Wirkungsweisen um den Gaspelshof fällt der Kunstkritikerin Barbara Reise beim persönlichen Besuch ins Auge. Die Sichtbarkeit von Autor:innenschaft besteht aus einem komplexen Gefüge aus internen und externen Faktoren. Sie beruht auf Entscheidungen der Künstler:innen, doch bereits die Angabe durch die Künstler:innen ist von Einflüssen der Kunstwelt geprägt. Institutionelle Relevanz, der Kunstmarkt, juristische Urheberschaft sind Einflüsse auf die Kunstprodukte. Isabelle Graw bezeichnet „die Grenze zwischen ‚Kunst‘ und ‚Markt‘“ als „durchlässig“. Ihr zufolge handele es sich um eine „dynamische [...] und konfliktreiche [...] Wechselbeziehung [...], die einem stets wieder aufs Neue auszuhandelnden Machtverhältnis gleicht“.[267] Die Verschriftlichung der Beteiligten nimmt von den Händen der Künstler:innen ihren Lauf durch die Publikationen der Ausstellungsmacher:innen, der Museen, der Galerien oder der Auktionshäuser – vom Objektschild über die Einladungskarte zum Objektverzeichnis. In der klassischen Funktion im Kunstbetrieb bestätigt eine einzelne Signatur eine einzelne Person. Nur in Ausnahmen werden innerhalb dieser Wirkweise mehrere Signaturen platziert. Ein Beispiel

265 Reise 1984, S. 48.
266 „Verantwortung, die“, in: *Duden*, https://www.duden.de/node/193474/revision/1372442 (20. 3. 2025).
267 Graw 2008, S. 85 f.

bildet Takashi Murakami, dessen Mitarbeiter:innen die Kunstwerke nach seinem Entwurf am Computer ausführen und auf der Bildrückseite namentlich aufgeführt werden.[268] Die Möglichkeit einer kollektiven Signatur erkundet auch Nina Zimmer in der Betrachtung von Künstler:innengruppen der 60er-Jahre. Sie stellt die zwei Optionen der „Mehrfachsignatur", in anderen Worten die Kombination mehrerer einzelner Signaturen, und die „Signatur mit einem Kollektivnamen" dar.[269] Ein solcher Umgang mit der Signatur tritt um den Gaspelshof jedoch nicht auf und unterstreicht somit die eingangs dargestellte Abgrenzung von der „Künstlergruppe". Ohne eine Aussage der Künstler:innen, wie eine Signatur sie am deutlichsten verschriftlicht, fällt die Sichtbarkeit von Autor:innenschaft in das Einflussgebiet Kunstwelt. Hier regiert eindeutig die Bekanntheit des zugeschriebenen Namens. Die Zuschreibung eines Werkes an eine bekannte Position trägt im Kunstmarkt klare Bedeutsamkeit. Sie ist „wertbildend" und kann die Verkäuflichkeit des Werkes maßgeblich beeinflussen. Zuschreibung und Signatur überspannen die formgebenden Künstler:innen und Kunstwerke und analog dazu die Echtheit dieser Beziehung. Siegfried Johannes Schmidt schreibt, „sein [das Kunstwerk] Wert besteht für das Gros der Konsumenten weniger in seinen ästhetischen Qualitäten als darin, Unikat zu sein und die Signatur eines ‚großen Meisters' zu tragen".[270] In den Worten der heutigen Kunstwelt formuliert Heinz Schütz: „Was bei Industrieprodukten Markennamen und Logos sind, ist in der Kunst der Name der Künstler*in und die Signatur."[271]

Ein weiterer Gate-Keeper der Sichtbarkeit von Autor:innenschaft ist die juristische Festlegung von Urheberschaft. Die Voraussetzung eines urheberrechtlichen Anspruchs ist „eine eigene, materielle oder geistige, eine intellektuelle, auf jeden Fall aber eine durchaus persönliche Schöpfung" durch eine natürliche Person.[272] Es gestaltet sich hier ebenso die Möglichkeit mehrerer

268 Gludovatz, Karin: *Fährten legen – Spuren lesen. Die Künstlersignatur als poietische Referenz*, Diss. Wien 2004, Paderborn/München 2011, S. 403. Einen weiteren Ansatz multipler Signaturen zeigt das Projekt *Doppia Firma* der Michelangelo Foundation; Bushart, Magdalena/Haug, Henrike: „Vom Mehrwert geteilter Arbeit", in: Bushart, Magdalena/Haug, Henrike (Hg.): *Geteilte Arbeit. Praktiken künstlerischer Kooperation*, Wien/Köln/Weimar 2020, S. 15 f.
269 Zimmer 2012, S. 106.
270 Schmidt, Siegfried Johannes: *Ästhetische Prozesse. Beiträge zu einer Theorie der nicht-mimetischen Kunst und Literatur*, Köln 1971, S. 88.
271 Schütz, Heinz: „Autor*innenmodelle und Identitätskonstruktionen", in: *Kunstforum International*, Bd. 292, 2023, S. 48.
272 „Urheber", in: *JuraForum*, https://www.juraforum.de/lexikon/urheber (20. 3. 2025).

Personen als „Miturheber" eines Werks, solange diese an der Schöpfung beteiligt waren, anstelle Einzelwerke zusammenzufügen, wie es im Falle eines Liedes inklusive Text und Melodie vorkäme.[273] Ausschlaggebend ist das „eigenschöpferische Element", das im kreativen Zusatz zum Bestehenden entsteht.[274] Einige Situationen pluraler Kunstproduktion am Gaspelshof entsprechen dieser Definition nicht – beispielsweise die Entstehung von Fotografien und Videos aus gemeinsamen Kontexten oder die Weiterverarbeitung geteilter Bildvorlagen. Aus einer ähnlichen Argumentation sehen Magdalena Bushart und Henrike Haug das bestehende Urheberrecht als Hürde pluraler Autor:innenschaft.[275]

Spielerischer Umgang mit Autor:innenschaft

Einen besonderen Augenmerk im Kontext der Zuschreibung und des Ausweises von Autor:innenschaft macht die Signatur aus. Neben der Bestätigung der Zuschreibung des Werks, bestätigt sie vice versa die Autor:in.[276] Sigmar Polke entwickelte in den 60er-Jahren den ersten spielerischen Umgang mit der Signatur. 1966 ließ er sie auf einer Collage von Kinderhand ausführen, welches das Merkmal der Originalität in seiner Funktion karikierte.[277] In Anklang an die Subjektkritik und Konzeptkunst wuchs in den 60er- und 70er-Jahren die Aufmerksamkeit und künstlerische Beschäftigung mit der Künstler:innensignatur.[278]

Nach 1968 macht die Vorliebe des Kunstmarkts in Düsseldorf einen Faktor aus, den es für viele Künstler:innen bewusst zu umschiffen gilt.[279] Erst in den 80er-Jahren wird die Ausrichtung auf den Verkauf als sogenannter „Marktkünstler" weitestgehend normalisiert.[280] Um den Gaspelshof, schildert

273 „Urheberrecht", in: *JuraForum*, https://www.juraforum.de/lexikon/urheberrecht (20. 3. 2025).
274 Gehlen, Dirk von: *Mashup: Lob der Kopie*, Berlin 2011 (= Edition Suhrkamp, Bd. 2621), S. 21.
275 Bushart/Haug 2020, S. 7.
276 Gludovatz 2011, S. 11.
277 Butin 2012, S. 399 f.
278 Ebd., S. 398.
279 Lange-Berndt/Rübel 2017, S. 42.
280 „In den Achtzigern waren alle munter. Brigitte Kölle im Gespräch mit Thomas Schütte", in: *Es geht voran. Kunst der 80er. Eine Düsseldorfer Perspektive*, hg. von der Kunstsammlung Nordrhein-Westfalen, Ausst.-Kat. Kunstsammlung Nordrhein-Westfalen/K21, Düsseldorf 2010/11, [anlässlich der Ausstellung „Auswertung der Flugdaten. Kunst der 80er. Eine Düsseldorfer Perspektive"], München 2010, S. 192.

Katharina Steffen, sei Geld vor dem Gesamtbild des Gemeinschaftlichen als nebensächlich erachtet worden.[281] „Hingeben war auf alle Fälle edler als markieren und besitzen. ‚Sharing and Caring‘ schienen vielversprechend [...]“, führt sie aus.[282] Gleichsam wird auch die Zuschreibung der Werke kaum zum Thema, sondern von Sigmar Polke an weitere Instanzen vermittelt.[283] Zurückzuführen ist dies laut den Beteiligten neben dem Selbstverständnis der jeweiligen Gruppendynamik auch auf mangelnde Zeit.[284] In ihrer Untersuchung des Fluxus-Netzwerks notiert Magdalena Holdar ebenfalls, dass Autor:innenschaft auch hier während des künstlerischen Prozesses selten besprochen wurde.[285]

Publikationen, in deren Entstehung die Künstler:innen um den Gaspelshof federführend agierten, wie *Je.Nous/Ik.Wij* oder der Kieler Katalog zur Ausstellung *Mu Nieltnam Netorruprup*, fassen Angaben, die über die Markierung der Urheber:innenschaft hinausgehen. *Je.Nous/Ik.Wij* nennt neben Sigmar Polke, Kathrin Steffen, Achim Duchow, Astrid Heibach auch Kaka Lemoine, „Siggi Kraus“ und „Lucky Luke und sein Freund“ auf dem Titelblatt. Lemoine, mit bürgerlichem Vornamen „Klara“ war die Besitzerin der Schaubude „Scala“, während Sigi Krauss, in dessen Namen die doppelten Konsonanten getauscht stehen, temporär auf dem Gaspelshof lebte. Die Bezeichnung „Lucky Luke und sein Freund“ bezieht sich auf die Männer, die auf den Fotografien zu sehen, an den Schaubudennummern teilnehmen.[286] Diese Namenswahl stammt von Astrid Heibach und Sigmar Polke. Heibach beschreibt, sie seien, von dem Veranstaltungsort der Salto Arte in Brüssel beeinflusst, auf den belgischen Comiczeichner und Schöpfer von Lucky Luke, Morris, gekommen.[287] Aus dem geteilten Witz geboren, wurde die Angabe der Namen zum Gesprächsthema, üblicherweise kam die Frage jedoch nicht natürlich auf. Sowohl Heibach als auch Steffen betonen, zu hinterfragen oder zu trennen, wer was beigesteuert hatte, sei niemandem in den Sinn gekommen.[288] Die Namen auf der ersten Seite des Beitrags zum Katalog *Je.Nous/Ik.Wij* wurden ebenso für die Einladungskarte übernommen (Abb. 33). Diese zeigen die Übertragung der Namen von ihrer possessiven Bedeutung in eine künstlerische und humorvolle. Während Lemoine und Krauss von den verwendeten Namen bezeichnet werden,

281 Steffen, Katharina: „Day by Day ... ein Flashback mit Zukunft“, in: Ausst.-Kat. Hamburg 2009/10, S. 292.
282 Steffen 2019, S. 37.
283 Persönliche Korrespondenz mit Katharina Steffen und Astrid Heibach.
284 Ebd.
285 Holdar 2023, S. 32.
286 Persönliche Korrespondenz mit Astrid Heibach.
287 Persönliche Korrespondenz mit Katharina Steffen und Astrid Heibach.
288 Persönliche Korrespondenz mit Katharina Steffen.

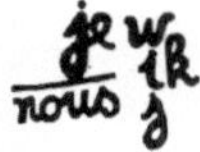

exposition d'art d'aujourd'hui
tentoonstelling van kunst van heden
to-day art exhibition
ausstellung von kunst von heute

anatol / carl andre / artschwager / balderi / ben / joseph beuys / boltanski / daniel buren / james lee byars / jacques charlier /
j. cladders / christo / roy colmer / committee for artistic freedom / daquin / hanne darboven / walter de maria / fahlström /
robert filliou / hans haacke / p.a. hubert / huebler / immendorf / on kawara / ed kienholz / kasper könig / jean le gac /
sol lewitt / bernd lohaus / konrad lueg-fischer / ingeborg lüscher / annette messager / nicola / herman nitsch / yoko ono /
panamarenko / penck / pineau / sigmar polke, kathrin steffen, achim duchow, astrid heibach, kaka lemoine, siggi kraus, lucky luke
und sein freund / arnulf rainer / k. sieverding / staeck / tuttle / toroni / van rafelghem / hubert vilopox / lawrence weiner

24 mai - 13 juillet 1975
musée d'ixelles
71 rue jean van volsem / 1050 bruxelles

33 Einladungskarte „Je.Nous/Ik.Wij", Musée d'Ixelles, Brüssel.

kennzeichnet die Nennung „Lucky Luke und sein Freund" lediglich die Anzahl an Personen.

Ein Exemplar der Edition *Messerwerfer* deutet an, dass dieses Selbstverständnis auf den aktiv an der Kunstproduktion beteiligten Kern zutrifft, nicht jedoch auf die äußeren Ränder des Netzwerks. Dieses Blatt wurde von Kaka Lemoine mit Stempeln des familiengeführten Zirkus versehen (Abb. 34). Die Stempel markieren hier das Motiv der sich drehenden Zielscheibe der Messerwurf-Attraktion. Obwohl sie der Bewegung der rotierenden Scheibe entsprechen und sich visuell dem Gesamtbild anpassen, deutet die Platzierung der Stempelabdrücke auf der Scheibe die Darstellung eines Besitzanspruchs an. Es scheint bewusst kommuniziert zu werden, dass diese Attraktion zu dem Zeitpunkt des Stempelns in dem Zirkus ihrer Familie zu sehen war. Die Logik der markt- und besitz-aversen Kunstentstehung am Gaspelshof tritt in Kontrast zu Lemoines Markierung und Bewerbung ihres Familienbetriebs besonders klar hervor.

Der Kieler Katalog Mu Nieltnam Netorruprup präsentiert sich mit Peter Saunders' Cover schon auf den ersten Blick als Produkt mehrerer Personen. Seine Leistung wird zum Aushängeschild des Ausstellungskatalogs und nimmt die Stelle des Titels und der Nennung der Künstler:innen ein. Diese Verklärung der Beteiligten lichtet sich hingegen in einem detaillierten, zweigeteilten Impressum. Auf der oberen Hälfte der Seite werden unter dem Titel „Mit Beiträgen von vielen Dank an:" Personen genannt, die aktiv Teil der Ausstellung waren, wie der Initiator und Kurator der Ausstellung, Dr. Eberhard Freitag.

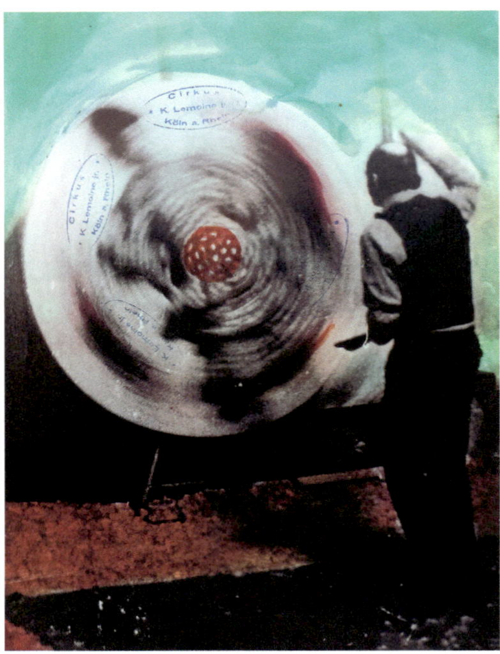

34 Sigmar Polke: „Messerwerfer", 1975, Offsetdruck mit vier Stempelabdrücken in blauer Farbe: „Cirkus K. Lemoine jr. Köln a. Rhein", 37 × 26 cm.

Hier stehen jedoch auch Namen, wie „Karin, Georg, Anna", Sigmar Polkes Familie, oder Bezeichnungen von Dingen und Enigmen, wie „die Schweiz", die als indirekte Einflüsse auf die Ausstellung verstanden werden können. Diese Angaben werden humorvoll ins Extrem getrieben, bis sie Künstler:innen, Musiker:innen, Orte und Medien umfassen, die in abstrakter und absurder Weise mit der Ausstellung in Beziehung gestellt werden. Die Nennung mehrerer Hauptakteure der NSDAP lässt sich beispielsweise auf die ausgestellte Vitrine nationalsozialistischer Relikte zurückführen, während die Nennung von Schnaps auf physische Einflussnahme deutet.

Auf der zweiten Hälfte der Seite schlüsselt sich differenziert auf, wer welchen aktiven Beitrag zur Ausstellung und zum Katalog beisteuerte. Aufgeführt werden unter anderem Werke, wie die *Kristallball Dia Show* von Achim Duchow, Sigmar Polke und Astrid Heibach, deren Auflistung mit Duchows Namen beginnt. Auch im Falle anderer Diashows, Polaroidbilder und der Vitrinen geht Sigmar Polkes Name in der Menge unter. Die Reihenfolge richtet sich offenbar nach dem Ausmaß der Involvierung. Diese Annahme gründet in der Listung Peter Saunders', dem Besitzer der Sammlung nationalsozialistischer Memorabilien, an erster Stelle in puncto Vitrinen als auch der Achim Duchows bei verschiedenen von ihm regelmäßig als Medium genutzten

galerie toni gerber bern

haus café du commerce, 3. stock

vernissage, samstag, 27. november 1976, 17 uhr
ausstellungsdauer bis 31. januar 1977

s. polke - k. steffen - a. duchow - a. heibach

wir kleinbürger —
zeitgenossen und zeitgenossinnen

dias, projektionen, zeichnungen, landkarten

öffnungszeiten
mi, fr, sa 15—19 uhr
do 16—19, 20—22 uhr
und auf tel. vereinbarung

ch-3011 bern
gerechtigkeitsgasse 74
tel. 031 22 36 50

galerie
toni gerber
leitung toni gerber

35 Einladungskarte „Wir Kleinbürger – Zeitgenossen und Zeitgenossinnen", Galerie Toni Gerber, Bern.

Diashows. Die gesamte Seite durchzieht der humoristische Ton, der bereits *Je.Nous/Ik.Wij* formte – von dem Dank an Schnaps bis zu der Betitlung von Sigi Krauss als „DERGUTEGEISTHEISST". So verhält es sich ebenfalls bei der Ausstellung *Original + Fälschung* (1973), welche in der Publikation *Franz Liszt kommt gern zu mir zum Fernsehen* verschiedene Mitwirkungen von variierendem Einfluss aufführt, durchmischt mit humorvoller Setzung und weit hergeholten Beteiligten. Dies lässt sich an der Nennung „auch dürfen wir nicht", „den Honnef", „vergessen" exemplifizieren, die impliziert, es handele sich um drei getrennte Namen. Gleichzeitig werden reproduzierte Artikel wie unter anderem aus dem Nachrichtenmagazin *Der Spiegel* genau benannt und Copyright-Bestimmungen angegeben. Die Ausstellungsplakate von *Mu Nieltnam Netorruprup* und *Original + Fälschung* (1974) folgen ebenfalls dieser Logik der Nennung mehrerer Namen. Dem Format geschuldet, sind die Angaben kürzer als in den Katalogen. Sie weisen die Pluralität jedoch deutlich aus: Beide Plakate teilen sich im Kontrast zu den Katalogen die vorausgestellte Nennung Sigmar Polkes Namen. Dies ist ebenso auf den Einladungskarten zu den Ausstellungen *Je.Nous/Ik.Wij* und *Wir Kleinbürger – Zeitgenossen und Zeitgenossinnen* der Fall (Abb. 35). Die Listung der Namen scheint in diesen Fällen einer Gewichtung zu folgen, die neben dem künstlerischen Beitrag gleichsam die sozialen Beziehungen abbildet, fügt sich an „Polke" der Name seiner Partnerin an und darauf wiederum der von Duchow und seiner Partnerin.

In vielen Künstler:innenbüchern werden die einzelnen Beteiligungen unterschieden, zumal sie unterschiedliche Verständnisse und Gewichtungen von Zusammenarbeit aufweisen. Deutlich werden diese unter anderem bei der Einladung zu *Sigmar Polke en Achim Duchow. Schilderijen, diaprojekties, films.*[289] Hier wird exemplarisch genannt, dass der Film, welcher unter „1969" geführt wird – höchstwahrscheinlich *Der ganze Körper fühlt sich leicht und möchte fliegen,*[290] von „Christoph Kohlhöfer en Sigmar Polke" sowie „How Long We Are Hesst" „met Kathrin Steffen en Peter Loser" sei. Dieser Unterscheidung liegt der Grad des Mitwirkens zugrunde, denn Katharina Steffen wirkte primär als Darstellerin mit und führte nur für kurze Szenen die Kamera.[291] Folglich tritt zu Tage, dass die mehrhändige Werkgenese in den Augen Sigmar Polkes textueller Differenzierung bedurfte. Entlang der Auffassung, es handle sich um den Film *Der ganze Körper fühlt sich leicht und möchte fliegen* verhärtet sich die Annahme des Bedarfs der Unterscheidung von Konzeption und technischer Mitwirkung zum Auftritt vor der Kamera, denn Kohlhöfer betont in einem Interview, er „habe nicht nur hinter der Kamera gestanden, sondern auch Regie geführt, Bild & Ton geschnitten & die einzelnen Episoden zu einer Art Narrativ zusammengesetzt".[292] Insofern treffen sich in den Publikationen der Künstler:innen humorvoller Umgang und Nennung sowie Differenzierung der einzelnen Beiträge zum gemeinsamen Ergebnis.[293]

Telefonzeichnungen

Eine weitere Werkgruppe mit auffälligem pluralen Entstehungshintergrund ist die der *Telefonzeichnungen.* Als „eindrückliche Dokumente des Mit-, Gegen- und Füreinanders der Willicher Gemeinschaft"[294] entstanden diese aus der zentralen Position auf mehreren Tischen neben dem Telefon des Gaspelshofs.[295] Durch diese Position im Zentrum des sozialen Lebens sammelten sich auf den circa 70 × 100 cm großen Papierbögen Notizen, Zeichnungen und Krit-

---

289 Einladungskarte zu Eröffnung: *Sigmar Polke en Achim Duchow. Schilderijen, diaprojekties, films,* Van Abbemuseum, Eindhoven, 25.6.1976, Kunst- und Museumsbibliothek, Köln.

290 Dieser Film wurde mehrfach mit unterschiedlichen Titeln und ohne Titel gezeigt, siehe Engelbach 2015, S. 153.

291 Persönliche Korrespondenz mit Astrid Heibach.

292 „Gespräche mit Zeitzeugen. Christof Kohlhöfer", 2021, S. 108 ff.

293 Eine auffällige Ausnahme bildet *Day by Day … they take some brain away.*

294 *Polke & Co. Wir Kleinbürger! Zeitgenossen und Zeitgenossinnen,* hg. von Diemar Rübel, Ausst.-Kat. Kunsthalle Hamburg, Hamburg 2009/10, [Dokumentation einer Ausstellung in der Hamburger Kunsthalle], Köln 2010, S. 22.

295 Persönliche Korrespondenz mit Stephan Runge.

zeleien von unterschiedlichen Händen, die Polke im Nachhinein mit teils großflächigen Motiven bearbeitete.[296] Hier blieben Fragmente verschiedenster
Aspekte des Alltags haften, ob als Spur eines Glases, eines Fußabdrucks oder
als Notiz eines Anrufs, sie spannen sich durch Kugelschreiber, Filzstift, Aquarell oder Glitzerspur zu surrealen Mustern und Wesen weiter. Sie sind zugleich
Relikt und fantastische Konstruktion.

Als Dokument alltäglicher Gemeinschaft integrieren die *Telefonzeichnungen* Personen sowohl indexikalisch, ikonisch als auch symbolisch. „Wer mit
Willich im Kontakt stand, wird sich irgendwie eingearbeitet finden in Polkes
offenes Konzept, für das die Blätter stehen"[297]. Verschiedene Handschriften
zeugen von verschiedenen Personen, die Notizen hinterließen. Staubige
braune Fußabdrücke sowie die Ränder von Tassen und Gläsern deuten auf
den körperlichen Kontakt zu mehreren Personen hin, die am Gaspelshof ver-
weilten. Titulierungen mancher Notizen mit dem Namen „Sigmar" belegen
einzelne konkret an ihn gerichtete und somit wahrscheinlich von anderer
Feder geführte Nachrichten. Auf dem Blatt mit der Inventarnummer 1984.2480
ist ein solcher Notizabschnitt mit grafischer Umrandung von der Umgebung
abgesetzt. Inmitten von Strichen und Kreisen steht in schmaler Schreibschrift
„500,– Karin, Anna 1. Periode, AOK Krankenscheine, AOK anrufen, Anna Georg
Karin" (Abb. 36). Diese Informationen tauchen auf anderen Stellen des Blatts
erneut auf. Ebenso sind entferntere Beziehungen der Akteur:innen des Gaspelshofs in die Werke integriert, indem ihre Namen und Fotografien auf dem
hellen Karton verewigt wurden. Sie findet man in Abbildungen des abend-
lichen Rauchens und Trinkens (Abb. 37) über Namen wie „Toni", „Freddy +
Monika" oder „Carsten Greve" auf der *Telefonzeichnung* mit der Nummer 1984.2468. Diese zwei Blätter weisen die größte Unterschiedlichkeit innerhalb der Serie auf. Das eine Blatt zeigt ähnlich zu *Day by Day ... they take some
brain away* großflächige Collagen und Zeichnungen während sich das andere
aus einzelnen Worten, Kritzeleien und Rechnungen in verschiedenen Stiftfar-
ben zusammensetzt. Einen Großteil der Notizen ordnet Barbara Lange-Duchow,
die Witwe des Malers, ihm zu.[298] Anhand eines Skizzenbuchs Achim Duchows
wird deutlich, dass er verschiedene Schriftarten beherrschte und regelmäßig
ausführte (Abb. 38). Auf einer einzelnen Seite finden sich runde geschwungene

---

296 Lange-Berndt/Rübel 2009, S. 53.
297 Schmidt, Katharina: „Pfeile ins Gewitter. Beobachtungen an den Zeichnungen,
Aquarellen und Skizzenbüchern von Sigmar Polke", in: *Sigmar Polke. Zeichnungen,
Aquarelle, Skizzenbücher. 1962–1988*, Ausst.-Kat. Kunstmuseum Bonn, Bonn, Köln
1988, S. 193.
298 Persönliche Korrespondenz mit Barbara Lange-Duchow.

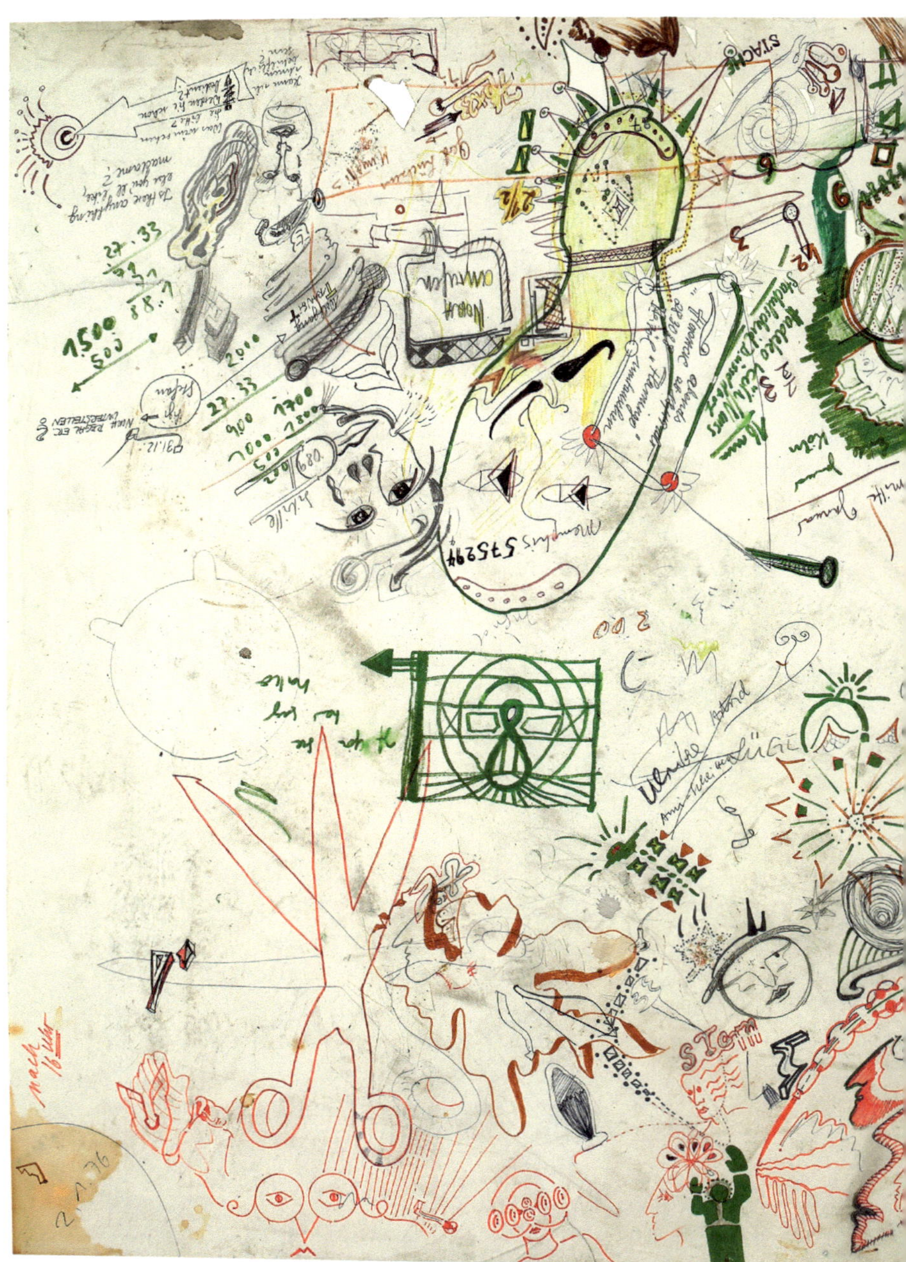

36 Sigmar Polke u. a.: „Telefonzeichnung", 1975, Filzstift, Kugelschreiber, Bleistift, verschiedene Flecken auf Papier mit zum Teil ausgeschnittenen Partien, 69,8 × 99,8 cm, Inventarnummer A 1984.2480.

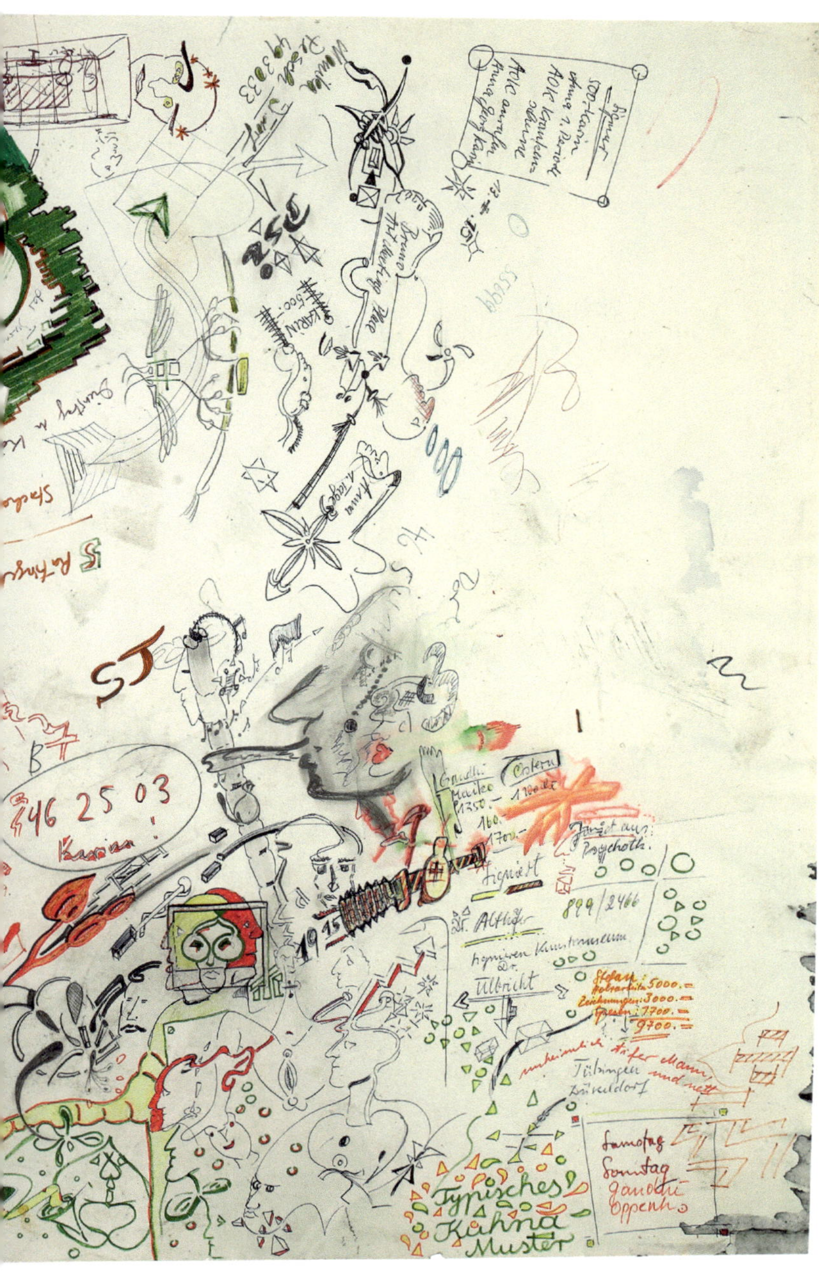

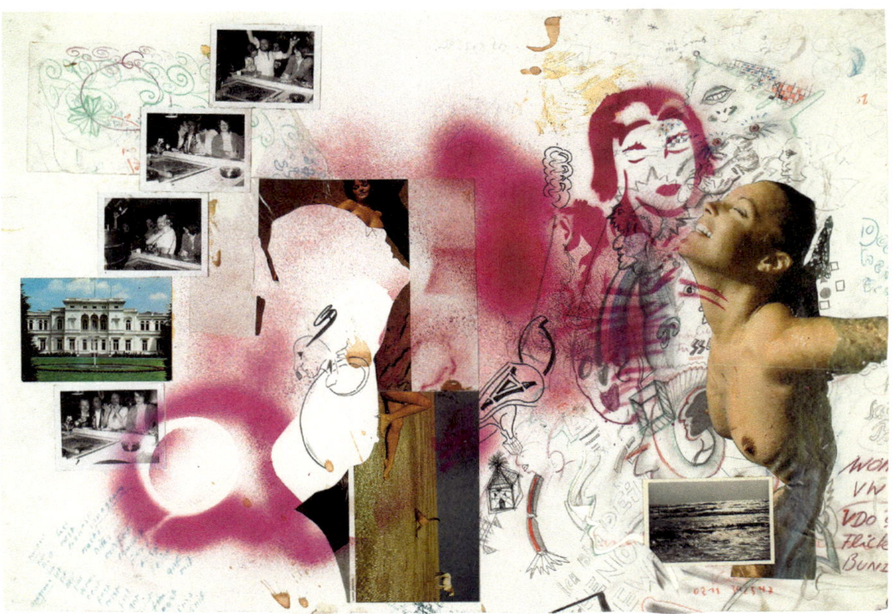

37 Sigmar Polke u. a.: „Telefonzeichnung", 1975, Collagierte Fotografien, Zeitschriftenausschnitte, Sprayfarbe, Bleistift, Farbstift und Kugelschreiben auf Papier, 61 × 86,2 cm, Inventarnummer A 1984.2468.

Buchstaben neben eckigen Großbuchstaben, hoher und schmaler Schreibschrift sowie stilisiert gezeichneten Worten. Im Vergleich zu den Notizbüchern
lässt sich die schmale spitze Schreibschrift aus der Notiz an Sigmar Polke und
dem Großteil der finanziellen Notizen auf Duchow zurückführen. Die kleinen
Skizzen, die die Notizbücher spicken, weisen eine hohe Ähnlichkeit zu den
Telefonzeichnungen auf. Insbesondere das Motiv des Gesichts im Dreiviertel-
profil und Halbprofil, welches oft von der linken Seite aus zu betrachten ist,
zieht sich durch beide Quellen (Abb. 39). Diese Gegenüberstellung zeigt den
hohen Grad Duchows Involvierung an den Zeichnungen und dem Alltag am
Gaspelshof. Gleichzeitig zeigt die Ähnlichkeit jedoch auch das Ausmaß und
den Effekt späterer Bearbeitung und Färbungen der *Telefonzeichnungen*, die
die einzelnen Skizzen zu einer homogenen Masse verschmelzen lassen. Besonders auffällig ist die Bedeutsamkeit farbiger Bearbeitungen für eine *Telefonzeichnung*, auf der geometrische, der Malerei Piet Mondrians ähnelnde
Farbfelder eine neue Bildebene formen. Blau, Rot und Gelb ergeben eine Ober-
fläche, die kein Bild ohne sie zulässt (Abb. 40). Teilweise scheinen die Farbflächen willkürliche Notizen zu färben und zu verdecken, teilweise betonen und

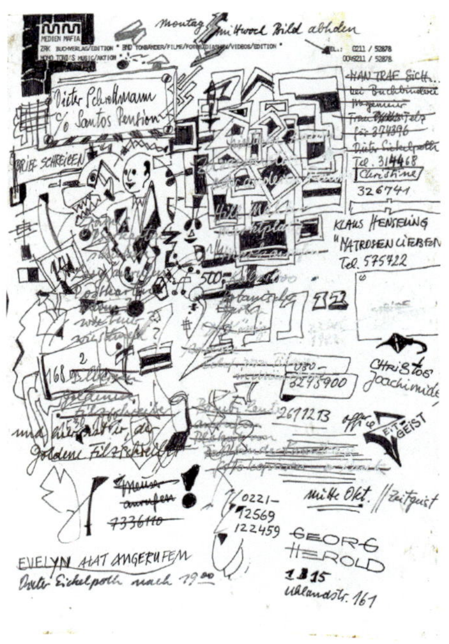

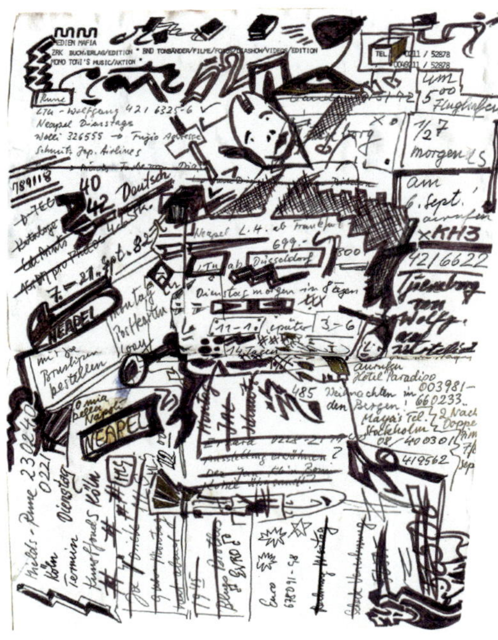

38 Achim Duchow: Seite eines Skizzenbuchs, 1980er-Jahre

39 Achim Duchow: Seite eines Skizzenbuchs, 1980er-Jahre

strukturieren sie diese jedoch auch. Ein kleines rotes Quadrat an der unteren Bildkante hebt eine geometrische Zeichnung hervor und ein großes blaues Rechteck auf der rechten Seite greift die Linie auf, die gezeichnete Köpfe vorgeben. Mit dieser kommunikativen Art verschiedener zeitlicher Bearbeitungsschritte ähneln die Telefonzeichnungen den anderen Kunstwerken, die am Gaspelshof entstanden.

Neben Spuren verschiedener sozialer Kontakte fingen die *Telefonzeichnungen* als Unterlagen auch den Schmutz des Alltags auf. Auf Kleberesten in der rechten unteren Ecke desselben Blatts haften Staubpartikel, Pflanzenreste sind an das Papier getrocknet, und ein kleiner Brandfleck deutet an, was auf den Blättern vonstattenging. Linien, die durch die Umrandung von Objekten entstanden zu sein scheinen, betonen ebenfalls das Vergangene. Eine Linie scheint einen Kleiderbügel auf dem Papier umrandet zu haben (Abb. 41). Die Form weicht von dem Umriss des Bügels ab, als hätte ein weiteres Objekt auf dem Papier gelegen. Die neue Silhouette sieht wie die eines Vogels aus und wirft die Frage auf, ob es sich hier um ein zufälliges Chaos oder die geplante Symbiose zweier Objekte handelt. Auf textueller Ebene ist der Alltag gleichsam

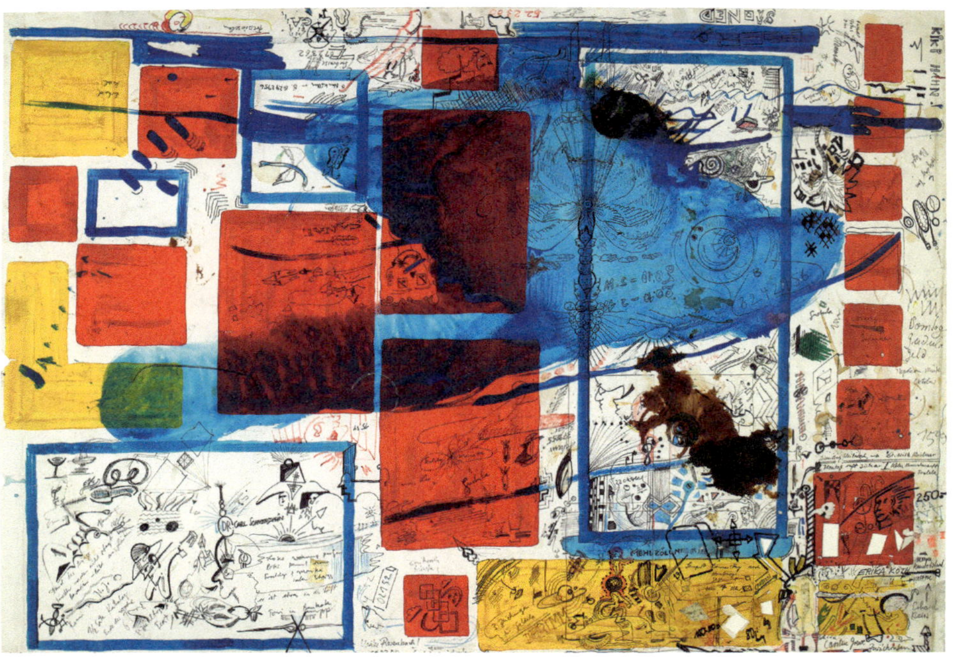

40 Sigmar Polke u. a.: „Telefonzeichnung", 1975, Collagierte Fotografien, Gouache, Kugelschreiber, Filzstift, verschiedene Flecken auf Papier mit ausgeschnittenen Partien, 69,8 × 99,8 cm, Inventarnummer A 1984.2490.

zentral. Notizen behandeln finanzielle, berufliche und private Bereiche, unter anderem Ausstellungsvorbereitungen, wie die Titel von einigen Duchows Arbeiten, die sich um die Form des Kleiderbügels sammeln.[299]

Auch die *Telefonzeichnungen* geben dem freien, humoristischen Umgang mit der Signatur ein Spielfeld. Neben den Namen der Personen am anderen Ende der Telefonverbindung und deren Botschaften finden sich auch einige Namen, die die der Schreibenden selbst sein könnten. Mit der Erklärung der Zeichnungen zu Kunst und dem damit einhergehenden Statuswandel von Gebrauchsobjekt zu Kunstwerk werden auch die Namen der Schreibenden mit Künstler:innensignaturen vergleichbar. Die *Telefonzeichnungen* waren 1976

---

[299] Diese lassen gemeinsam mit den Angaben von Monaten gewisse Datierungen zu, die sich jedoch auf verschiedenen Blättern auf den Zeitraum um 1975 belaufen. Somit ergeben sich keine chronologischen Bezugnahmen, da die Blätter zeitlich parallel genutzt worden scheinen.

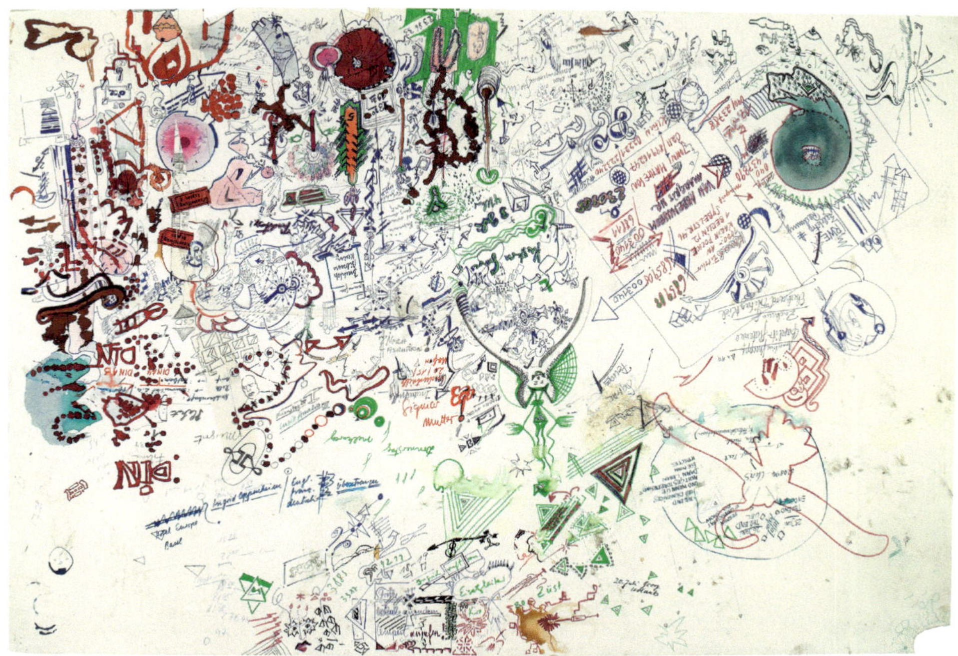

41 Sigmar Polke u. a.: „Telefonzeichnung", 1975, Kugelschreiber, Aquarell, Collage, Tinte auf
Papier mit ausgerissener Ecke, 69,8 × 100,0 cm, Inventarnummer A 1984.2480.

Teil der Ausstellung *Wir Kleinbürger – Zeitgenossen und Zeitgenossinnen* bei
Toni Gerber, zu welcher auf der Einladung neben Polke ebenfalls Steffen, Duchow und Heibach stehen.[300] Das Kunstmuseum Bern führt die Serie heute
unter dem einzelnen Namen Sigmar Polkes.[301] Auf der Rückseite der Blätter
beginnen nummerische Beschriftungen mit dem Kürzel „sp", die vor der Überführung der Sammlung Toni Gerber in das Kunstmuseum Bern ausgeführt
wurden und seiner Galerie zugeordnet werden können. Typischerweise auf
der Rückseite oder in den Ecken der Bildfläche platzierte Künstler:innensigna-
turen gibt es nicht. Auffällig sind zwischen den handschriftlichen Notizen
Stempelabdrücke, die vom Estate Duchow einem Stempel zugeordnet werden
können, den Achim Duchow für Signaturen verwendete.[302] Statt hiermit klare

300 Einladungskarte: *Wir Kleinbürger – Zeitgenossen und Zeitgenossinnen*, Galerie
Toni Gerber, Bern, 27. 11. 1976–31. 1. 1977, digital, Archiv der Anna Polke-Stiftung.
301 Ausst.-Kat- Bern 1986.
302 Persönliche Korrespondenz mit Barbara Lange-Duchow.

Umrisse und Parallelen zu den Bildkanten zu erzielen, hinterlässt der Stempel nur wenig und ungleichmäßig Tinte. Darüber hinaus sind die Abdrücke teils übereinander gelagert und verwischt. Folglich entsteht eine deutliche visuelle Diskrepanz zu der Ästhetik einer Künstler:innensignatur. Womöglich als Test, als Abrieb überschüssiger Tinte, geistesabwesend oder als Zeitvertreib gestempelt, werden sie Teil der wirren Konstellation verschiedener Skizzen und Textfragmente. Einige finden sich zusätzlich bunt umrandet und somit zu einer eigenen Zeichnung weiterentwickelt. Ähnlich funktioniert der Name „Anna", der sich in kindlichem Duktus mehrfach auf den Kartons befindet. Entgegen Polkes zeitlich vorhergegangener Signatur in Adoption einer künstlichen Kinderschrift, bezeichnen diese Namen auch die schreibende Tochter Anna. So erinnert sie sich, am Gaspelshof auf die Kartons gemalt und geschrieben zu haben.[303] Die indexikalische als auch symbolische Funktion der Signatur als Beglaubigung der Authentizität eines Kunstwerks wird so ausgehebelt.

Plurale Autor:innenschaft in der Kunstwelt

Die Namen „Polke-Clique"[304], „Gruppe Polke Duchow und Co"[305], „Polke&Co"[306] und „Polke & Duchow und ihr Klan"[307] bezeichnen seit den 70er-Jahren Sigmar Polke und die, die mit ihm Zeit verbrachten. In Publikationen aus den 70er-Jahren nennen sich die Beteiligten, wie beispielsweise Peter Breslaw im eingangs zitierten Text, auch selbst so.[308] Zur gleichen Zeit verschriftlicht auch der Kurator der Ausstellung *Mu Nieltnam Netorruprup*, Jens Christian Jensen, die Diktion „Polke & Duchow und ihr Klan".[309] Die Formulierungen von Breslaw und Jensen schließen beide Duchow ein, werden jedoch im zeitlichen Verlauf von 1975 bis in das 21. Jahrhundert von jenen ersetzt, die Polke stärker in den Mittelpunkt stellen. Die Häufung der Zusammenfassungen der Künstler:innen um Polke nehmen mit der Zeit zunehmend die Wirkung eines selbstreferenziellen Markennamens ein, statt mehrere Personen aufzulisten. In Dietmar Rübels Formulierung im Jahr 2009 entfernt sich das Satzfragment von

---

303 Persönliche Korrespondenz mit der Anna Polke-Stiftung.
304 Liebelt, Michael: „Narrenspiele aus dem Nichts", in: Ausst.-Kat. Hamburg 2009/10, S. 449.
305 Breslaw 1977, o. S.
306 Rübel 2009a, S. 130.
307 Jensen 1975. o. S.
308 Breslaw 1977. o. S.
309 Jensen 1975, o. S.

syntaktischen Grundsätzen, indem die Worte ohne Leerstellen zu einem einzelnen verschmelzen: „Polke&Co." oder „Polke&Company"[310]. Gleichzeitig lässt sich in mehreren Kontexten die reduzierte Listung der Beteiligten beobachten. Dies ist bei Rübel und Lange-Berndt bezüglich derselben Ausstellung in Kiel der Fall, anlässlich der Breslaw und Jensen in diesem Text zitiert werden. Diese wird Jahre nach der Ausstellung als Gemeinschaftsausstellung Polkes mit Achim Duchow, Astrid Heibach und Memphis Schulze bezeichnet,[311] obwohl weitere Personen wie Peter Saunders involviert und selbst auf dem Ausstellungsposter angedeutet sind. Auch in der Nennung Achim Duchows im Kontext von *Original + Fälschung* kommt es zur Verflüchtigung seines Namens. Dierk Stemmler schreibt im Katalog der Ausstellung des Zyklus in Bonn 1974 die Anmerkung: „Wenn von jetzt an nur Polkes Name genannt wird, geschieht es aus Gründen der Vereinfachung"[312]. Auf der ersten Seite der Publikation *Franz Liszt kommt gern zu mir zum Fernsehen* entstand, die als Bestandteil der Ausstellung zählt, wird die Mitarbeit Achim Duchows prominent gehandhabt, indem beide Namen auf der ersten Seite Platz finden. Nach der Ausstellung in Bonn 1974 ist *Original + Fälschung* 2003 im Rupertinum in Salzburg, 2008 in der Kunsthalle Tübingen und 2022 und 2024 im Museum Küppersmühle für Moderne Kunst in Duisburg zu sehen. In den 00er-Jahren geht die öffentliche Ausstellung und Publikation des Zyklus ohne Nennung von Achim Duchows Namen einher, weder auf dem Einband noch zu Anfang des Texts. In Agnes Husslein-Arcos Vorwort für den Katalog des Rupertinums in Salzburg findet der Name Duchow keine Erwähnung mehr. Hier wird deutlich, dass von dem Zeitpunkt an, in dem nicht mehr die Künstler:innen selbst in der Hand haben, welche Namen genannt werden, die Autor:innenschaft einer schrumpfenden Menge an Personen zu teil wird.

Diesen Entwicklungen lässt sich mit den Worten von Christian Spies nähern: „Der ostentative Widerstand gegenüber der herkömmlichen Werk-Autor-Relation ist damit in die gängigen Kategorien von Institution, Archiv und Markt aufgehoben"[313]. Insbesondere die Veränderungen, die die Ausstellungen von *Original + Fälschung* zeigen, scheinen dieser Schilderung zu entsprechen. Patricia Aufderheide macht ebenfalls auf die juristische und systematische Beeinflussung von Autor:innenschaft aufmerksam: „Copyright policy

---

310 Lange-Berndt/Rübel 2016, S. 55.
311 Lange-Berndt/Rübel 2017, S. 125.
312 Stemmler, Dierk in: Ausst.-Kat. Bonn 1974, o. S.
313 Spies 2019, S. 107.

falls out of sync with the culturally constructed notion of the author"[314]. Sie schreibt, routinemäßig würde weniger Personen Autor:innenschaft zugeschrieben werden, als real involviert, zudem ließen sich verschmelzende gemeinsame Leistungen systematisch erschwert als solche angeben.[315] Was Aufderheide insbesondere anhand der Sozialen Medien oder digitaler Produkte beobachtet, harmoniert mit Dierk Stemmlers Aussage, den Namen „Duchow" der Einfachheit halber nicht weitergehend zu nennen. Beide Fälle stehen für Strukturen, in denen plurale Autor:innenschaft einen schwierigeren Ausdruck findet als singuläre. Magdalena Holdar macht auf die gleichzeitige Bedeutsamkeit und Unsichtbarkeit der sozialen Peripherie bekannter Künstler:innen aufmerksam.[316] Forschungsperspektiven wie die der Actor-network theory (ANT) haben den Anspruch, diese zum Teil selbst nicht als Künstler:innen tätigen „Enabler" sichtbar zu machen.[317] Die Autor:innenschaftsangaben der Produkte des Gaspelshofs zogen in den vergangenen Jahren viel Aufmerksamkeit auf sich und sind auch von Kritik affiziert. Die ungleiche Handhabung durch Museen und Galerien – die sich auch als Wandel sehen lässt – spiegelt sich auch in Katalogen der jeweiligen Künstler:innen. In manchen Biografien Sigmar Polkes werden die Ausstellungen, die als Einzelausstellungen Polkes konzipiert waren, aber durch Beiträge unter anderem Achim Duchows erweitert wurden, mit Anmerkung unter den Einzelausstellungen geführt, wie in *Wir Kleinbürger! Zeitgenossen und Zeitgenossinnen. Die 1970er Jahre* (2009), und in anderen werden Ausstellungen mit der Beteiligung mehrerer anderer Künstler:innen als Gruppenausstellungen gelistet.[318] Die Galerie Setareh, welche Memphis Schulzes Nachlass verwaltet, führt *Mu Nieltnam Netorruprup* ebenfalls als Gruppenausstellung.[319] In den Worten Petra Lange-Berndts und Dietmar Rübels „verwandelte sich die vermeintliche Werkübersicht" in Eindhoven „endgültig in eine Gruppenausstellung".[320] Der Begriff der Gruppenausstellung suggeriert in diesem Kontext missverständlich die Zuordnung zu einem

---

314 Aufderheide, Patricia: „Creativity, copyright, and authorship", in: *Media Authorship*, hg. von Cynthia Chris/Davis A. Gerstner, New York/Abingdon 2013, S. 21.
315 Ebd., S. 22.
316 Holdar 2023, S. 158.
317 Ebd.
318 Das ist unter anderem im Katalog des Palazzo Grassi bei den Ausstellungen *Original + Fälschung* (1973 und 1974) und *Mu Nieltnam Netorruprup* (1975) der Fall; *Sigmar Polke*, hg. von Maria Giulia Montessori, Ausst.-Kat. Palazzo Grassi, Venedig 2016.
319 [CV von Memphis Schulze] auf der Website der Galerie Setareh, https://uploads-ssl.webflow.com/62287b9ba45d717bd0fa81bb/62b5c67dafa4aff74e2b2978_CV_Memphis%20Schulze_20220404.pdf (20. 3. 2025).
320 Lange-Berndt/Rübel 2017, S. 141.

Körper an Ausstellungen, der sich anhand der gleichteilig ausgerichteten Planung wesentlich von diesem Fall unterscheidet. In den Biografien Achim Duchows wird schon seit den 80er-Jahren zu dem Mittel gegriffen, die Kluft zwischen Einzel- und Gruppenausstellungen, welche der Pluralität der 70er-Jahre nicht entspricht, mit einer Sondergruppierung zu überbrücken. In *Japan 8-9-3. Achim Duchow. In Search of Japan. Fotografien 1979–1993* im Weltkunstzimmer werden bestimmte Ausstellungen unter „Zusammenarbeit mit Sigmar Polke" gelistet.[321] Die Publikationen, die sich von der Nennung als Einzelausstellungen entfernen, distanzieren sich oft gleichzeitig von dem exklusiven Fokus auf Sigmar Polke. Eine zentrale Position nimmt *Wir Kleinbürger! Zeitgenossen und Zeitgenossinnen. Die 1970er Jahre* ein. Ausstellung und Katalog nennen im Kontext von *Day by Day ... they take some brain away* erstmalig Astrid Heibach und Katharina Steffen.[322] Auch die *Telefonzeichnungen* finden sich hier als mit „Polke et al." markiert wieder, welche ihre Verschriftlichung der pluralen Entstehung jedoch in *Alibis* im Jahr 2015 erneut einbüßen müssen.[323] Sowohl Petra Lange-Berndt als auch Max Schulze thematisieren, dass die Ausstellungen im MoMA und Museum Ludwig die um mehrere Künstler:innen erweiterten Angaben der Hamburger Kunsthalle nicht übernahmen und zur Einzelnennung Sigmar Polkes zurückgingen.[324]

Janet Wolff formulierte 1981, dass das Konzept der Autor:innenschaft ständig neu konstruiert werden müsse.[325] Zu dieser Veränderung gehört eine aktuell zunehmende Pluralisierung, auf welche Ausstellungsmacher:innen thematisch jedoch nicht in allen Ausstellungsdetails reagieren. Im Umgang mit pluraler Werkgenese, die nicht mit klarer interner Markierung wie einer mehrfachen Signatur einhergeht, prägen die Entscheidungen einzelner Ausstellungsmacher:innen, Herausgeber:innen und weiterer Akteur:innen die Ergebnisse. Dabei rangiert die Spanne der Möglichkeiten von einzelnen Nennungen aller nachweislich Beteiligten, wie in der Situation von Lange-Berndts und Rübels Integration von Achim Duchow, Katharina Steffen und Astrid Heibach in die Werkangaben zu *Day by Day ... they take some brain away*, bis zur

---

321 *Japan 8-9-3. Achim Duchow. In Search of Japan. Fotografien 1979–1993*, hg. vom Weltkunstzimmer, Ausst.-Kat. Weltkunstzimmer, Düsseldorf 2014.

322 Heibach 2020, S. 2.

323 Rottmann, Kathrin: „Polke im Kontext. Eine Chronologie", in: *Alibis. Sigmar Polke 1963–2010*, hg. von Kathy Halbreich et al., Ausst.-Kat. Museum Ludwig, [anlässlich der Ausstellung „Alibis. Sigmar Polke. Retrospektive"], Köln 2015, S. 26–69.

324 Lange-Berndt/Rübel 2014, S. 62; Lange-Berndt, Petra: „Biography as ALIBI. On Sigmar Polke at the Museum of Modern Art, New York", in: *Texte zur Kunst*, Nr. 95, 2014, S. 252–255.

325 Wolff, Janet: *The Social Production of Art*, London/Basingstoke 1981, S. 129.

Zusammenfassung verschiedener Personen unter dem Deckmantel „Sigmar Polke", beispielsweise bei *Mao* oder den *Telefonzeichnungen*. Der Austausch von Gedankengut, die Unterstützung bei einem Aufbau werden in der Autor:innenschaft nicht abgebildet. Das Konzept der Autor:innenschaft fordert immer die Angabe einer oder mehrerer Personen, und damit gehen Nennungen verloren. Verschiedene Autor:innen zeichnen Weiterentwicklungen dieses Konzepts in Veränderung. Gesa Ziemers Modell der „Mittäterschaft" bietet einen Ansatz, alle Beteiligungen und Einflüsse in der Verschriftlichung der Autor:innenschaft zu fassen.[326] Dieses Konzept reagiert auf die zunehmende Unvereinbarkeit künstlerischer Praxis mit der Idee der singulären Autor:in, wachsender Digitalisierung sowie wandelnder Vorstellungen des Kunstwerks und der Gesellschaft.[327] „Komplizen sind im positiven wie negativen Sinne Verbündete, die gemeinsam eng miteinander verflochten zur Tat schreiten".[328] Die Übertragung des Begriffs der „Mittäterschaft" aus der Jurisdiktion hinein in andere Kontexte basiert darauf „alle[n] Beteiligten das gleiche Strafmaß" und somit ebenfalls die gleiche Anerkennung zuzumessen.[329] Das Beispiel Polke zeigt, wie plurale Sichtbarkeit mit dem Eintreten in die Kunstwelt bisher großteilig verblasste. Michael Wetzel formulierte mit dem Konzept des „Autor-Künstlers", wie komplexe plurale Beeinflussungen von Prozessschritten – spezifisch durch die technische Reproduktion von Bildmaterial – von einer singulären Künstler:innen-Persona bezeichnet werden können.[330] Wetzel erkennt den Kern des „Autor-Künstlers" im „actus" statt im „opus" und statuiert ihn folglich als Gegenbild des „Handwerker-Künstlers".[331] Im Resultat vermag der „Autor-Künstler" sich das letztendliche Kunstwerk „anzueignen" und eine der Urheberschaft übergeordnete „Werkherrschaft" aufzustellen.[332] Diese Formulierungen umfassen beispielsweise die Weiterentwicklung des Comics von Jack Davis, die durch die „Verwertung" und „Verarbeitung" mit Polkes Autor:innenschaft überschrieben wird, wohingegen dieser in der Ausformung seiner Malerei ebenfalls Handwerklichkeit aufweist. Wetzels Modell antwortet folglich auf die These eines ständigen pluralen Einflusses auf das Kunstwerk eines Einzelnen und umfasst somit die Divergenz, die die Anwendung von Definitionen pluraler Werkgenese ergibt.

---

326 Ziemer 2012, S. 125.
327 Ebd., S. 123.
328 Ebd., S. 124.
329 Ebd., S. 124 f.
330 Wetzel 2003, S. 233.
331 Ebd., S. 231 f.
332 Ebd., S. 239.

Die Persona Sigmar Polke

Im Zentrum des Treffpunkts Gaspelshof stand Sigmar Polke. Während Polke auf Reisen war, sei der Hof laut Stephan Runge unbesucht geblieben.[333] Achim Duchow ist die einzige Figur, die dieser zentralen Stellung Polkes nahekommt. Die Freunde waren so regelmäßig zusammen, dass sie – wie die häufige Wiederholung der Kombination der Namen „Polke & Duchow" zeigt – als Doppelpack wahrgenommen wurden. Die Nähe dieser Beziehung lässt die Grenzen ihrer zwei Personen in den Schilderungen ihrer Zeitgenoss:innen und ihrer Kunst verschwimmen und Duchows Handschrift mit der Polkes verschwimmen und darunter verschwinden. Eine lange Zeit hielt nur Archivmaterial fest, wie er an *Original + Fälschung*, der Biennale in São Paulo oder in welchem Maße er an den *Telefonzeichnungen* beteiligt war.[334]

Für die Kunst, die um den Gaspelshof entstand und sichtbar wurde, nimmt Sigmar Polke ebenfalls eine zentrale Rolle ein. Die richtungweisende und formgebende Funktion Polkes fassen Astrid Heibach und Katharina Steffen in ähnliche Worte, bezeichnen sie ihn als „Regisseur"[335] oder „Zirkusdirektor"[336] des Zusammenwirkens. Mehr oder weniger zufällig greifen sie beide zu Worten, die sowohl eine konzipierende als auch verantwortende Komponente implizieren. Die Möglichkeit der Ausstellungen, die letztendlich auch Arbeiten befreundeter Künstler:innen zeigten, war an Polkes Relevanz in der Kunstwelt geknüpft. Ihn und seine Arbeit wollten Kurator:innen und Galerist:innen wie Eberhard Freitag, Dierk Stemmler oder Erhard Klein ausstellen, und von ihm ausgehend eröffnete sich ein Großteil der Ausstellungsmöglichkeiten seines Netzwerks. Isabelle Graw vergleicht über den Begriff des „Ausnahmewesens" die Rolle von Künstler:innen mit denen von Celebritys.[337] Die Legendenbildung um den Gaspelshof trägt dazu bei, dass sich bei Sigmar Polke „Leben" und „Werk" gegenseitig beeinflussten. Das Netzwerk, welches das Bild des Gaspelshofs prägte, lässt sich in diesem Sinne als Faktor für Polkes Image in der Kunstwelt sehen. Der Rückzug aus den Städten, in denen die Kunstwelt agierte, und die damit einhergehende Mengenpolitik seines Kontakts zu ihr, mag zu diesem Status nur beigetragen haben.[338] Deutlich wird, dass die Literatur wie gebannt von Polkes uneindeutiger Autorperson war. So schreibt Julia Gelshorn:

333 Persönliche Korrespondenz mit Stephan Runge.
334 Duchow/Wiese 2023, S. 207 f.
335 Persönliche Korrespondenz mit Astrid Heibach.
336 Persönliche Korrespondenz mit Katharina Steffen.
337 Graw 2008, S. 167 ff.
338 Vergleiche Gurskys Abgrenzung vom Kunstmarkt bei Graw 2008, S. 78.

> Polke [demonstriert] die Verweigerung der Autorschaft 1976 gar explizit in
> seinem pseudo-autobiographischen Text *Frühe Einflüsse, späte Folgen oder Wie
> kamen die Affen in mein Schaffen? Und andere ikono-biografische Fragen*: Als
> Autor des Textes wird Friedrich Wolfram Heubach angegeben, der jedoch den
> Bericht in der Ich-Form in Polkes Namen verfasst hat.[339]

Auch Christian Spies verbindet „Autorschaft und Selbstinszenierung" bereits
im Untertitel seines „Winkelzüge einer Malerbiografie" betitelten Beitrags zum
Siegener Katalog.[340] In seinem Text steuert er ebenfalls auf die vermeintliche
Autobiografie Polkes zu und liest sie als Gegenbild zu Barthes' rezeptionsäs-
thetischer Distanz zur Autor:in. Diesen Ansätzen steht die Aussage Friedrich
Heubachs entgegen, den Text ohne Polkes Wissen geschrieben zu haben, wo-
durch deutlich wird, dass hier nicht von einer Selbst-Inszenierung gesprochen
werden kann, welche die Prämisse Gelshorns und Spies' Texte bildet.[341] Ein
anderes, jedoch wesentliches Ergebnis ist somit, dass Polkes Künstlerperson
von seinen Freund:innen autonom mitgeformt worden scheint und sie Teil
einer spielerischen Konstruktion von Autor:innenschaft wurden. In diesem
Sinne wird die singuläre Künstler-Persona Polkes in der Kunstwelt durch Pluralität gefestigt. Julia Gelshorn schreibt: „Der Kunstmarkt hingegen und mit
ihm die entsprechenden Publikationsorgane sowie auch häufig das Ausstel-
lungswesen sind – vielleicht stärker denn je – daran interessiert, den Kult der
Künstlerfigur und damit die Fetischisierung des Autors aufrecht zu erhalten".[342] Die Bedeutsamkeit der Künstlerfigur wird auch aus heutiger Perspektive deutlich, zumal weitere Beteiligte, beispielsweise Achim Duchow an der
Entstehung von *Original + Fälschung*, wie in einem Stille-Post-Spiel der Kunstwelt von Ausstellung zu Ausstellung seltener genannt werden.

Neben der Bestätigung der Zuschreibung des Werks bestätigt die Signatur vice versa die Künstler:in.[343] In anderen Worten erhalten die Künstler:in-
nen durch die Zuschreibung eines Werks ebenso Wert wie das Kunstwerk
durch ihre Namen. In der Betrachtung des Verhaltens singulären Signierens
lässt sich kein Durchschnitt der am Gaspelshof agierenden Künstler:innen bilden. Sigmar Polke signiert seine Werke zum Teil, scheint jedoch keinem Schema
zu folgen. So tragen manche Werke einer Serie deutliche Signaturen auf der

339 Gelshorn 2012, S. 166.
340 Spies 2019, S. 101–115.
341 Videoaufnahme eines Gesprächs zwischen Anna Polke und Friedrich Heubach,
Archiv der Anna Polke-Stiftung.
342 Gelshorn 2011, S. 292.
343 Gludovatz 2011, S. 11.

Bildfläche, wie im Falle der *Quetta*-Fotografie in der Sammlung Lambrecht-Schadeberg des MGK Siegen, die zudem durch die Datierung, den Ort „Quetta" und einen umfassenden Kreis ergänzt ist, während weitere Fotografien der Serie keine Signatur führen.[344] Memphis Schulze signierte nach Aussage des Estates während der 70er-Jahre regulär keine Werke.[345] Hieraus ergibt sich der Zustand einer auffälligen einzelnen Signatur Sigmar Polkes auf der Bildfläche von *Herr Natürlich*, welche zudem in einem kräftigen schwarzen Duktus ausgeführt ist. Weitere verhandelte Arbeiten sind – großteilig durch ihr Medium bestimmt – nicht signiert. Rübel und Lange-Berndt schreiben Polke zu, seinen singulären Namen in der Kieler Ausstellung bewusst eingesetzt zu haben:

> Gleichzeitig schwebt sein [Polkes] Name über allem und Polke nutzt den Brandbeschleuniger Memphis Schulze mit seiner rückhaltlosen Leidenschaft für Menschen und Exzesse, um sich selbst in Szene zu setzen. Doch dieses Machtgefüge zwischen Polke und seinen Mitstreitern ist uneinheitlich und brüchig: Zwar fungiert der Katalog als Werkverzeichnis von Polkes Druckgrafik, dennoch ist schon das Cover des Bandes von fremder Hand.[346]

In Anbetracht der Planung der Kieler Ausstellung als Einzelausstellung Polkes, der Schilderung Jens Christian Jensens, nur Polke und Duchow hätten vor Ort gearbeitet, als auch der differenzierten Auflistung der Künstler:innen und Kunstwerke im Impressum des Katalogs muss diese kritische Schilderung relativiert werden. Den Wahrnehmungen von Beteiligten, die die Involvierung als Förderung erkannten, steht diese Darlegung aus zweiter Hand entgegen. An anderer Stelle formulieren Rübel und Lange-Berndt ebenfalls, „dass der einstige Nachwuchsstar Polke, der nun im Kunstbetrieb längst etabliert war, auch Freunde mit geringerem Bekanntheitsgrad [...] ganz selbstverständlich in die Arbeit einbezog".[347] Hiermit berühren sie einen Punkt, der zentral für die Beziehung des Gaspelshofs zur Kunstwelt war, und dieser ist, dass Polke bereits vor dem Einzug und der engen Zusammenarbeit mit Duchow und weiteren Personen ein hohes Standing genoss. Er tat sich nicht sukzessive aus der Gruppe hervor, sondern sie entstand gewissermaßen in seinem Windschatten. Aus diesem Windschatten wollte die autorschaftsfrenetische Kunstwelt die Künstler:innen dann nur schwer entkommen lassen.

---

344 Siehe [Sigmar Polke „Quetta", 1974/1978], auf der Website der Galerie Sies + Höke, https://www.sieshoeke.com/de/artworks/quetta (20. 3. 2025).
345 Persönliche Korrespondenz mit Max Schulze.
346 Lange-Berndt/Rübel 2014, S. 62.
347 Ebd., S. 46.

Die sichtbare Zusammenarbeit mit weiteren Personen und das Auftreten in Gruppen lassen sich, in Christan Spies' Sinne, auch als Aktion gegen das Konstruieren einer Künstler-Persona lesen. Homi K. Bhabha beschreibt den Effekt pluralen Wirkens und pluraler Wirkung wie folgt: „Kollektive Praktiken und Produktionen zwingen das Auge, sich auf die strukturellen Beziehungen des Werks zu konzentrieren, nicht auf seine einzigartige Signatur".[348] Das uneinheitliche Signieren Polkes, der Einbezug von Freund:innen in Einzelausstellungen und das Wohnen auf dem abseits gelegenen Gaspelshof stehen dem Aufbau von Marktwert prinzipiell entgegen. Weniger Einzelausstellungen und monografische Kataloge bedeuten weniger Wertbildung des Künstlernamens. Die *Telefonzeichnungen* exemplifizieren die Janusköpfigkeit von Polkes Interaktion mit dem Kunstmarkt, von welchem er hofiert wurde, obwohl er ihn nicht gefällig bediente. Christian Spies dient die Werkgruppe als Beispiel der „Fixierung auf den Namen Polke":[349]

> So wenig seine Hand von den vielen anderen Beteiligten zu unterscheiden ist, so sehr brauchte es trotzdem seinen Namen als „Marke". „Polke" war der Garant dafür, die Telefonzeichnungen zu Werken erklären und ausstellen zu können.[350]

Diese zentrale, jedoch nicht allumfassende Betonung der Marke Polke lässt den Effekt der persönlichen Beziehungen Polkes und seine eigene Haltung außer Acht. In einem Brief an Gerber formuliert Polke im Kontext aktuellen Geldbedarfs und vorangegangener finanzieller Unterstützung durch Gerber, er würde dem Adressaten Dias der *Telefonzeichnungen* schicken, die er verkaufen könne.[351] Die folgende Vorwegnahme Gerbers Meinung durch Polke – er denke, er könne diese nie verkaufen – skizziert zum einen seine Einstellung, dem Markt nicht uneingeschränkt Folge leisten zu wollen und zum anderen Polkes Position, die *Telefonzeichnungen* problemlos in einer Galerie positionieren zu können. Bereits 1984 landet ein Gros der Werkreihe im Kunstmuseum Bern.[352]

---

348 Weiss 2022, S. 80.
349 Spies 2019, S. 106.
350 Ebd., S. 107.
351 Ausst.-Kat. Bern 1986, S. 49.
352 Nicht alle *Telefonzeichnungen* sind im Kunstmuseum Bern aufbewahrt; „Gespräche mit Zeitzeugen. Reiner Speck", in: *Sigmar Polke. Photographs (1964–1990)*, hg. von Silke Lemmes/Bianca Quasebarth, Ausst.-Kat. Sies + Höke, Düsseldorf, Kicken Berlin, Berlin 2021/22, Bönen/Westfalen 2021, S. 113.

Ausblick auf die 1980er-Jahre

1979 überlässt Sigmar Polke den Gaspelshof übergangshalber Stephan Runge zur Betreuung und zieht selbst nach Köln.[353] Während der Hof noch von einer Person desselben sozialen Umfelds gemietet wird, verliert er jedoch bereits die Tragkraft des sozialen Treffpunkts. Einige Monate hat Astrid Heibach hier in dieser Übergangszeit verbracht.[354] Da Runge nicht häufig dort gewesen sei, nahm der Ort für sie einen ruhigen, arbeitsamen Charakter ein, unabhängig von vielen der Personen, die Polke zuvor im Angelpunkt des Gaspelshofs zusammenbrachte.

Die Wege, die einige der Künstler:innen zu Ende der 70er-Jahre einschlugen, skizziert Max Schulze wie folgt:

> Christof Kohlhöfer macht sich 1976 das erste Mal auf den Weg nach New York, Sigmar Polke beginnt 1980 eine große Weltreise, die ihn nach Indonesien, Neuguinea, Australien, Singapur, Malaysia und Thailand führt, und Memphis Schulze reist Mitte der 1980er-Jahre nach Mexiko. Am Ende dieses Jahrzehnts scheint das gemeinsame Arbeiten, das gemeinsam entwickelte Handwerkzeug und die Verwendung ähnlicher Quellen und Protagonist:innen an einem Punkt angelangt zu sein, an dem jeder der drei Gastgeber für sich schauen muss, was er in den kommenden Jahren daraus macht.[355]

Memphis Schulze führte die gemeinsame künstlerische Arbeit in der Künstlergruppe Titisee und ab 1987 gemeinsam mit Achim Duchow und Christof Kohl-

---

353 Persönliche Korrespondenz mit Stephan Runge. Im Herbst 1979 zog Frank Köllges mit den Mitgliedern seines Orchesters Padlt Noidlt ein; persönliche Korrespondenz mit Astrid Heibach.
354 Persönliche Korrespondenz mit Astrid Heibach.
355 Schulze, Max: „A Planet Where Time Misbehaves", in: *Singular/Plural. Kollaborationen in der Post-Pop-Polit-Arena. Düsseldorf 1969–1980*, hg. von Petra Lange-Berndt et al., Ausst.-Kat. Kunsthalle Düsseldorf, Düsseldorf, Köln 2017, S. 182.

höfer unter dem Namen Medien Mafia weiter. Als „lose Verbindung befreundeter Künstler" realisierten sie gemeinsam Ausstellungen.[356] Als prägenden Faktor der 80er-Jahre betonen viele Stimmen das wachsende Maß an Einfluss des Kunstmarkts.[357] Diesen sieht Max Schulze ebenfalls als Faktor in der abebbenden Zusammenarbeit.[358] Auch in der Arbeit der Medien Mafia stellt er mit einem Zitat eines Konzeptblatts den finanziellen Ertrag als Kredo hervor: „It's not hippiesk jet setting, it's something like working together to fulfill the plans by using different medias for their artistic work".[359] An diese Entwicklung des Kunstgeschehens lässt sich auch die Entwicklung der singulären Nennung Polkes bei Ausstellungen wie *Original + Fälschung* knüpfen, die obenstehend thematisiert wird. Die Betonung der Marke durch Christian Spies' als auch Max Schulzes Beobachtung der Handhabung kollektiven Gedankenguts der 70er-Jahre stützt diesen gesteigerten öffentlichen Fokus auf Sigmar Polke.

Bei Polke verflüchtigten sich Arbeitsteilung, Austausch und alltägliches Zusammenleben mit Anderen in Richtung einer „Unerreichbarkeit", für die er bekannt werden sollte.[360] Doch auch während dieser Zeit entstand Polkes Kunst nicht aus der Isolierung. Stephan Runge beschreibt, Polke hätte immer Unterstützung bei großen Ausstellungsprojekten geschätzt.[361] In den 80er-Jahren nahm Hagen Lieberknecht eine assistierende Rolle ein, indem er unter anderem Recherchen vornahm.[362] Franz Dahlem schreibt ihm auch einen Anteil an Polkes Malerei zu.[363] Im Katalog für *Athanor*, die Gestaltung des deutschen Pavillons anlässlich der 42. Biennale in Venedig 1986, dankt Polke Lieberknecht für „Rat und Hilfe".[364] Auch Runge selbst reiste mit ihm in den 80er-Jahren nach Venedig, Paris und in die USA.[365] Die Ausstellungen, bei denen Runge assistierte, gingen mit einem organisatorischen Aufwand Hand in Hand, der eine Zusammenarbeit notwendig machte.

Dass die Jahre am Gaspelshof nebst Einfluss auf die Formsprache der Künstler:innen auch persönlichen Nachhall fanden, zeigen inhaltliche Ver-

---

356 König, S. 63.
357 „In den Achtzigern waren alle munter." 2010, S. 190.
358 Schulze 2017, S. 183.
359 Ebd.
360 Graw 1993, S. 85.
361 Persönliche Korrespondenz mit Stephan Runge.
362 Ebd.
363 „Franz Dahlem", in: *Café Deutschland*, https://cafedeutschland.staedelmuseum. de/gespraeche/franz-dahlem#franz-dahlem-fn-39 (20. 3. 2025).
364 *Sigmar Polke. Athanor. Il Padiglione*, hg. von Dierk Stemmler, Ausst.-Kat. Pavillon der Bundesrepublik Deutschland, 42. Biennale di Venezia, Düsseldorf 1986.
365 Persönliche Korrespondenz mit Stephan Runge.

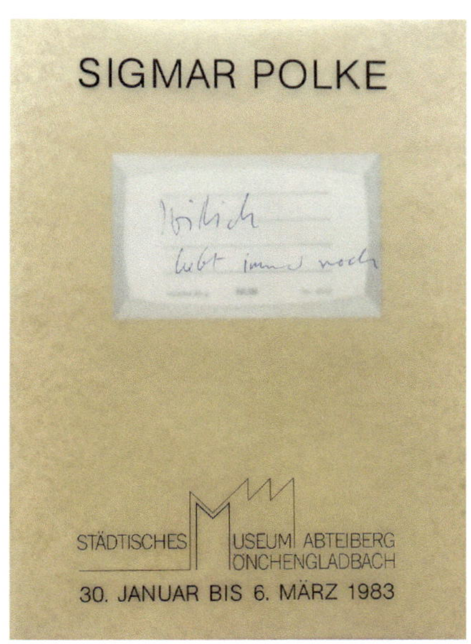

42 Von Sigmar Polke beschriftetes Faksimile seines Skizzenbuchs, 1983.

handlungen verschiedener Beteiligter. Astrid Heibach schuf beispielsweise die Wandinstallation *Verborgene Botschaften – Je.Nous/Ik.Wij – Ik/Wij. Ergänzung III* von 1975/2017, die in *Singular/Plural. Kollaborationen in der Post-Pop-Polit-Arena. Düsseldorf 1969–1980* erstveröffentlicht wird, 2011 erschien Stephan Runges CD-Edition *Polke and friends: Gaspelshof in the 70 s.* Auch seinen Spruch „Willich lebt immer noch", den Polke im Stil eines Autogramms auf Dietmar Loehrls Edition seines Skizzenbuch-Faksimiles schreibt, lässt sich als pathetischer Ausspruch der Bedeutsamkeit der eigenen Zeit in Willich lesen (Abb. 42). Das faksimilierte Skizzenbuch, dessen freies Titelfeld Polke für den Galeristen, der diesen Karriereweg mit einer Galerie in Willich begann, mit seinem Willich-Zuspruch füllt, hatte das Museum Abteiberg 1983 anlässlich einer Polke-Ausstellung als Edition veröffentlicht. Die nummerierten Exemplare in Form eines klassischen Skizzenhefts tragen diese Nummer in jenem Titelfeld, in das Polke für Loehrl schreibt und dessen Edition aus der Nummerierung zum Unikat führt.

Pluralität oder Autor:innenschaft?

Das von Peter Breslaw so bezeichnete „Kunstdüngerprodukt", das neben Sigmar Polkes singulärer Kunstproduktion am Gaspelshof entstand,[366] hat sich in der Form des Austauschs von Ideen und Bildvorlagen, in arbeitsteiligen Prozessschritten in der Werkentstehung und Ausstellungen der Arbeiten verschiedener Personen als auch in gemeinsamen Aktionen vor und hinter der Kamera geäußert. Eine besondere Rolle kam neben Sigmar Polke seinem Studenten und Freund Achim Duchow zu, dem wegen seiner engen Freundschaft zu Polke kein Aspekt von dessen Arbeit als Künstler verschlossen war und der in der Fremdwahrnehmung nahezu mit Polke verschmolz. Freundschaft trat auch in anderen sozialen Konstellationen als zentrales Bindeglied und Zugkraft auf. Sie ließ soziale Treffen und Events mit der Entstehung von Kunst verschmelzen, weswegen Kunst teilweise als Nebenprodukt von Pluralität auftrat und Pluralität sozusagen nebenbei in die Kunst einfloss. Die aktive Zusammenarbeit der Künstler:innen war auffallend situativer Natur. Kunstprodukte entstanden aus dem Moment und banden die gehörte Musik, die gemeinsamen Erlebnisse und die Personen ein, die zu der Zeit Teil des Umfelds Polkes und Duchows waren. Auf dieser Grundlage haben die agilen Konstellationen um den Gaspelshof sich in diesem Buch von den Gruppierungen abgehoben, deren Arbeit bekanntlich plural entstand. So wie freundschaftliche Beziehungen in gemeinsam verbrachter Zeit, Zusammenarbeit, künstlerischen Chancen und dem Plural als Motiv mündeten, gaben gleichsam Ausstellungen dem Netzwerk den Anlass, gemeinsam Zeit zu verbringen. Auf diese Weise und auf der Basis dieser Faktoren fand Polkes Ausstellungserfolg seinen Niederschlag auch in den Lebensrealitäten seiner Freund:innen. Neben aktiver Einflussnahme dieser Art ist ein weites Netz an Bekannten passiv an die Werke geknüpft, die um den Gaspelshof entstanden. Ob auf Fotografien, in den Noti-

---

366 Der Fokus auf Pluralität soll den Großteil von Sigmar Polkes Arbeit ohne fremde Einflüsse nicht außer Acht lassen.

zen auf den *Telefonzeichnungen* oder im Austausch von Bildmaterial, es verknüpften sich mehr Personen mit den entstandenen Werken, als dass sie vor Ort zusammenarbeiteten. Das freundschaftlich-soziale Biotop lässt sich aus den entstandenen Werken nicht subtrahieren. Dieser Tatsache war sich in den 70er-Jahren schon Barbara Reise bewusst:

> More disturbing, but by now not surprising, is the increase in meaningless complications and decorative confusion in works exhibited as being „by Polke" during the past three years. For whether or not Duchow physically collaborated on the works, they were done in the periods in which Polke has worked (and almost lived) with Achim Duchow and his mentality. And these characteristics have more to do with Duchow than with Art.[367]

Allen Formen dieser praktischen Autor:innenschaft unterliegt der Einfluss Sigmar Polkes. Als Mieter des Gaspelshofs, in seiner Stellung im zeitgenössischen Kunstgeschehen sowie als sozialer Angelpunkt: Polke formte die verschiedenen internen und externen Faktoren gemeinsamer Werkgenese. Das Ansehen, das er als singulärer Autor unter internationalen Ausstellungsmacher:innen genoss, bildete das Fundament, auf dem er seine Freund:innen in Ausstellungen einbeziehen und ihnen Ausstellungsmöglichkeiten beschaffen konnte. Gleichzeitig hat das humorvolle Vertauschen und das Verschwimmen von Handschriften, die Überführung von Gruppenmomenten in die Kunst, die Zusammenarbeit unter Zeitdruck, die Unterstützung durch Duchow, die Konstruktion der Künstler-Persona Polkes durch den Einfluss von Fritz Heubach und andere Freund:innen diese singuläre Marke Sigmar Polke befördert. Es lässt sich sagen, dass die singuläre Person das Plural ermöglichte, sowie das Plural die singuläre Künstlerkarriere begünstigte.

Wie dieser Text durchgehend argumentiert, ist Pluralität im Hintergrund einer Werkentstehung nicht mit pluraler Autor:innenschaft oder kollektiver Arbeitsteilung gleichzusetzen. Über das letzte halbe Jahrhundert haben sich sowohl die künstlerische Praxis als auch die Kunsttheorie zu einer Offenheit und nahezu zu einer Welle verschiedener Ausformungen von Pluralität entwickelt. What, How & For Whom schreiben:

> Soziologismus zu vermeiden ist besonders wichtig bei Interpretationsversuchen, die einerseits dem Hineinlesen von Kollektivität in das Kunstwerk wider-

---

367 Reise, Barbara: „Who, what is ‚Sigmar Polke'", in: *Studio International*, Nr. 193, 1977, S. 40.

stehen müssen, andererseits keine Ästhetisierung von Praktiken, die zuerst einmal als sozial und politisch anzusehen sind, vornehmen dürfen.[368]

In diesem Licht ist entscheidend zu betonen, dass die pluralen Aspekte um den Gaspelshof der 70er-Jahre einzelne Momente innerhalb Polkes Werk darstellen. Zudem entspricht die Lesart einem aktuellen Diskurs. Trotz des von dem Kuratorinnenkollektiv skizzierten Trends des „Hineinlesens von Kollektivität" wurde im Verlauf dieser Arbeit ein Umgang der Kunstwelt deutlich, der an der Idee des singulären Genies festhält, sei es in der Zuschreibung oder auch im Fokus auf die alten Meister in *Original + Fälschung*. In dieser Hinsicht lässt sich *Original + Fälschung* als Blaupause dessen sehen, wie Pluralität die Kunst um den Gaspelshof in den folgenden Jahren auf mehreren Ebenen durchdringen, aber auch die kunstwissenschaftliche Beschäftigung an Elementen des Topos des „Künstlergenies" festhalten sollte. Von der Markierung von Pluralität im Werk bekannter Künstler:innensubjekte lässt sich eine Aussage über die künstlerische und kunstwissenschaftliche Praxis ableiten, ohne dass jede Form von Pluralität automatisch die Autor:innenschaft beeinflusst oder kompromittiert. Dass die Arbeit „für und mit" anderen Künstler:innen – wie Stephan Runge mit Polke oder Luigi Kurmann mit Dennis Oppenheim – aus der Perspektive der Unterstützenden keine Auswirkung auf die Autor:innenschaft hatte, machen sie selbst deutlich.[369] Perspektivisch lässt sich dieser Einblick in die Verstrickungen hinter Einzelproduktionen in der bildenden Kunst auch auf die Ausstellungsautor:innenschaft ausweiten. Søren Grammel schreibt über Harald Szeemann, eine einzelne Person könne kaum eine gesamte Ausstellung produzieren.[370]

Als Kategorie für Pluralität hat Autor:innenschaft einige Problemstellungen aufgewiesen. Eine dieser ist die Vereinbarkeit mit der Unterstützung durch sogenannte Enabler, die eine Ausstellung oder eine Veranstaltung ermöglichen, jedoch nicht im Feld der klassischen Werkproduktion arbeiten. Die Unterstützung, wie sie von Stephan Runge und weiteren Künstler:innen oder von Hagen Lieberknecht bei Polkes Einzelausstellungen geleistet wurde, ist eine Form der Pluralität, die von Autor:innenschaft nicht erfasst wird. Noch eindeutiger fällt der Austausch von Ideen oder Gedankengut durch das Raster, das Autor:innenschaft bildet. Eine weitere Problematik ergibt sich aus dem

---

368 What, How & For Whom 2005, S. 12.
369 Kurmann 2020, S. 219–242; persönliche Korrespondenz mit Stephan Runge.
370 Grammel, Søren: *Ausstellungsautorschaft. Die Konstruktion der auktorialen Position des Kurators bei Harald Szeemann. Eine Mikroanalyse*, Frankfurt am Main 2005, S. 13.

Fokus der Kunstwelt auf singuläre Künstler:innenpersonen, welcher Pluralität in der Kategorie Autor:innenschaft aktuell stark einschränkt. Die Zweifel, die Rachel Mader und Michael Wetzel daran äußern, weiterhin denselben Begriff für neue Ausformungen des Konzepts zu nutzen,[371] lassen sich durchaus bestätigen. Nichtsdestotrotz ist Autor:innenschaft für die Anbindung von Kunst an die westlichen Systeme wie Markt und Museum notwendig. Dieser Spagat zwischen der Öffnung des historisch aufgeladenen Begriffs und gleichzeitigen Anbindung an das Kunstsystem und die Kunstgeschichte scheint widersprüchlich, solange Markt und Museum wertbasiert vorgehen. Magdalena Bushart und Henrike Haug schreiben: „Obwohl gerade die partizipatorischen Konzepte unserer Tage dazu anregen, Autorschaft neu zu denken, hat sich für die Wahrnehmung der Vergangenheitskunst kaum etwas an dieser Überzeugung geändert.“[372] Über spezifische plurale Prozesse hinweg, äußern sich die entstandenen Werke letztendlich in der schriftlichen Angabe ihrer Autor:innenschaft. Während der 70er-Jahre war diese kein Diskussionsthema und wurde von Sigmar Polke aus sozialer und kontextbedingter Logik angegeben. In der chronologischen Verfolgung einiger Werkangaben ist nach diesen ersten Angaben die Tendenz zum Singular offenbar geworden, die sich mit privaten als auch strukturellen Entwicklungen begründen lässt. Der Kunstmarkt und Institutionen sind entscheidende Akteure der Kunstwelt und beeinflussen die Künstler:innen und die Kunst. In dem Sinne stellen sie die Weichen für Autor:innenschaft und Pluralität. Mit Ankopplung an den Kunstmarkt und das Museum kann Pluralität nicht ohne Autor:innenschaft und kaum ohne Singularität.

Das eingangs genutzte Zitat von Julia Gelshorn beschreibt innerhalb des weiten Verständnisses von pluraler Autor:innenschaft eine Beziehung von künstlerischer Praxis, „Begriffen“ und „Kontexten“, aus denen das Konzept in wechselseitiger Bedingung seine Bedeutung schöpft.[373] Die Einflüsse der Kunstwelt lassen sich zwar unter „Kontexte“ fassen, finden hier jedoch nicht die entsprechende Gewichtung. Begriffe formen und festigen sich aktuell in diesem Diskurs und gewährleisten eine zunehmende Vergleichbarkeit der Literatur, jedoch drängt sich eine weiterführende Reflexion des Begriffs der Autor:innenschaft auf. Ines Barner, Anja Schürmann und Kathrin Yacavone schlagen mit Bezug auf Christoph Hoffmann die Gliederung des aktuellen Begriffs vor, die gleichzeitig eine Reaktion auf die Kunstwelt bietet:

---

371 Wetzel 2022; Mader 2023.
372 Bushart/Haug 2020, S. 7.
373 Gelshorn 2011, S. 292.

> Um dem Problem zu begegnen, dass derjenige, dem ein Werk oder ein Werkzusammenhang zugeschrieben wird, in vielen Fällen nicht oder nur teilweise identisch ist mit dem Namen desjenigen, der (als Autor*in) verantwortlich zeichnet, bietet sich eine Unterscheidung zwischen Autor- und Verfasserschaft an.[374]

Der aktuelle Umgang mit pluralen Entstehungshintergründen und Zuschreibungen der Werke, die um den Gaspelshof entstanden, zeigt auf verschiedene und sogar konträre Möglichkeiten. Eine ist Wetzels „Autor-Künstler", in dessen Konzept das Titelschild von hintergründiger Pluralität unabhängig ist und durch welches sich bestehende Autor:innenschaftsverhältnisse von Künstler:innen und unbekannten Assistent:innen legitimieren lassen. Den anderen Pol bietet die „Mittäterschaft", die alle Beteiligten nennt. Umsetzungen solcher Ideen finden sich beispielsweise in der Ergänzung der bestehenden Zuschreibungen durch spezifische Personen und die Abbreviaturen „u. a." und „et al." durch Rübel und Lange-Berndt. Das wachsende Interesse an dem Thema, das, wie Molly Stech zeigt, über kunstwissenschaftliche Disziplinen hinausreicht, lässt im Sinne Julia Gelshorns eine Zukunftsprognose der weiterführenden Reaktionen von Theorie und Praxis erschließen.

Die Frage, wer spricht,[375] die Digitalisierung der Künstler:innenpersona und Künstliche Intelligenz weisen auf Herausforderungen des Konzepts von Autor:innenschaft hin, für die ein Verständnis der Probleme und der Breite dieser Kategorie entscheidend ist. Ein weiteres Ergebnis rigider Interpretationen und Definitionen zeigt sich darin, dass die aktuelle Theorie zu plural entstandener Kunst sich immer wieder darin verfängt, ihr Deutungen überzustülpen oder sie in Kategorien zu zergliedern. „Kollektive Kunstprojekte sind insofern anders, als sie ausdrücklich dazu dienen, die Ideologie von Autorschaft und Autorität innerhalb der Künste zu hinterfragen", äußert sich Homi K. Bhabha 2022.[376] Die Arbeit um den Gaspelshof ebenfalls an diese Interpretation anzuschließen liegt nahe, jedoch lassen sich weitere Hintergründe des pluralen Arbeitsprozesses hinzufügen. Innerhalb der Jahre 1975 bis 1977 kam es zu einem hohen Maß sowohl an Ausstellungen, die befreundete Künstler:innen integrierten, als auch an arbeitsteilig ausgeführten Werke wie *Je.Nous/ Ik.Wij*, *Day by Day ... they take some brain away* und die *Telefonzeichnungen*.

---

374 Barner et al. 2022, S. 16.
375 Foucault begann seinen Vortrag vor Mitgliedern der Französischen Gesellschaft für Philosophie am 22. 2. 1969 mit der Frage „Wen kümmert's, wer spricht?"; Foucault 2000, S. 198.
376 Weiss 2022, S. 83.

Gleichzeitig mit der Häufung arbeitsteilig entstandener Ausstellungen und Werke lassen sich besonders viele Akteur:innen am Gaspelshof beobachten, wie Sigi Krauss und die Züricher, unter anderen Peter Breslaw. Auf dieser Grundlage bietet es sich an, das natürliche Verschwimmen der Grenzen von Alltag und Kunst als Faktor pluraler Kunst höher zu gewichten. Eine pragmatische Lesart, Pluralität statt als Konzept als Nebenprodukt und als Werkzeug zu sehen – unter Zeitdruck und erschwerten Ausstellungsbedingungen sowie für die gemeinsame Zeit mit Freund:innen, erweitert die aktuelle ideell bestimmte Interpretation.

Der Gaspelshof tritt in diesem Text als Treffpunkt an der Schnittstelle verschiedener Kunstszenen auf. Trotz der zentralen Rolle Polkes und der des Gaspelshofs machen beide keine Bedingungen pluraler Werkgenese aus. Das zeigt beispielsweise *Andromeda* von Rudolf Camphausen und Klaus Mettig. Diese Arbeit entstand ebenfalls in Zusammenarbeit der zwei Künstler und zeigt die situative Entstehung von Werken aus verschiedenen sozialen Events auf und gleichzeitig auch, dass die Verflechtung von Leben und Alltag kein Alleinstellungsmerkmal des Gaspelshofs bildet. Nichtsdestotrotz ist die auffällige Stellung des Gaspelshofs innerhalb des Lebens und Schaffens der Personen unbestreitbar, wie auch die Bedeutsamkeit für die Kunstgeschichtsschreibung. Der Gaspelshof als pluraler Schmelzpunkt, als gemeinsame Landidylle eines Paars, als Treffpunkt, als abgelegene leere Räume, die sich nicht dafür anbieten, leer zu stehen.[377] Trotz der Menge an entstandener Kunst und der sozial-politischen Komponente dieser, wurzelt der Charakter des Gaspelshofs in der Funktion als Wohnort Sigmar Polkes, der dazu einlud, gemeinsam Zeit zu verbringen. In dieser Funktion lässt sich der Hof als Katalysator des Pluralen sehen, welcher die Verbindungen des Netzwerks an Freund:innen stärkte und analog dazu die Entstehung gemeinsamer Kunstprodukte förderte.[378] Unter dem „azurenen Blau [...] des Willicher Himmels" verwuchsen folglich künstlerische Idee, persönliche Unterstützung und freundschaftliches Zusammensein während einer Zeit der spürbaren Dynamik.

---

377 Persönliche Korrespondenz mit Katharina Steffen.
378 Diese Annahme bestätigt Katharina Steffen im gemeinsamen Gespräch; persönliche Korrespondenz mit Katharina Steffen.

Nachwort

Der Gaspelshof, ein großer, alter und ehemaliger Bauernhof am Rand der Stadt Willich, ist heute eine Wohnanlage. Ein schöner Ort für Familien, die hier viel Platz zum Leben im und rund um den Hof haben. Nur eine Erinnerungstafel im Eingangsbereich des Hofes deutet darauf hin, dass von 1972 bis 1978 hier der Künstler Sigmar Polke (1941–2010) gelebt und gearbeitet hat. Polke gilt als einer der Nachkriegskünstler, mit denen Deutschland wesentliches Renommee in der internationalen Kunstwelt erlangt hat. Viele bahnbrechende und heute hoch gehandelte künstlerische Arbeiten sind auf dem Gaspelshof in den 1970er-Jahren entstanden. Innerhalb von Willich wurde die kunsthistorische Bedeutsamkeit erst vor wenigen Jahren bekannt und es wurde bisher von lokaler Seite keine Erforschung oder Recherche dazu angestoßen. Die hier vorliegende Publikation ist daher der erste Beitrag zum wissenschaftlichen Diskurs rund um die Zeit von Polke und seinen Freundinnen und Freunden auf dem Gaspelshof in den 1970er Jahren, der von Willich aus initiiert wurde und der bestehenden Forschungslage ein neues Fundament gibt.

Im Jahr 2021 nahm ich persönlichen Kontakt mit einer Reihe von Expertinnen und Experten auf, u. a. mit Frau Prof. Dr. Ulli Seegers, Dekanin der Philosophischen Fakultät an der Heinrich-Heine-Universität Düsseldorf, Professorin für Kunstgeschichte und selbst Polke-Expertin. Bei ihrer ehemaligen Studentin Lucy Degens verband sich das Thema mit vorhergegangenen Forschungsschwerpunkten und mündete in diesem von der Anna Polke-Stiftung mit einem Stipendium geförderten Text. Lucy Degens bin ich sehr dankbar dafür, dass sie sich der Erforschung der künstlerischen Produktion auf dem Gaspelshof in ihrem Text gewidmet hat. Sie hat in ihrer Arbeit das Thema der pluralen Autorenschaft bei den Künstlerinnen und Künstlern auf dem Gaspelshof untersucht. Damit legt sie den Schwerpunkt ihrer Forschung auf ein hochinteressantes, heute wieder aktuelles Thema, weit weg von den Vorgaben des Kunstmarkts, dessen Logik auf dem Grundsatz der singulären Autorenschaft aufbaut. Mein herzlicher Dank gilt auch Frau Prof. Dr. Ulli Seegers, die durch

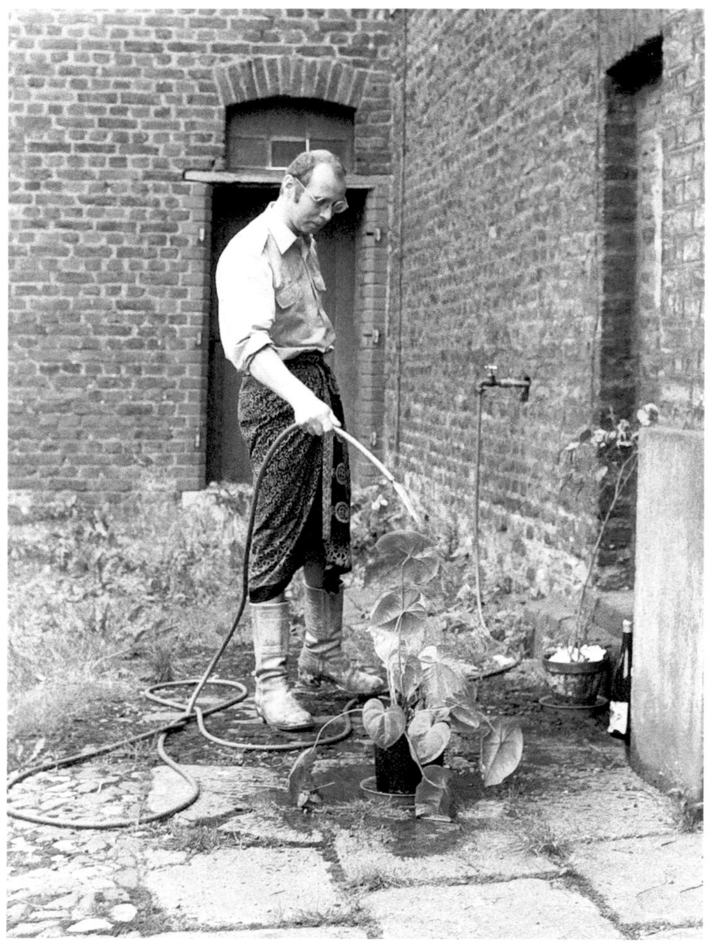

43 Sigmar Polke am Gaspelshof, 1975.

Ihre Vermittlung dafür sorgte, dass diese nun veröffentlichte Forschungsarbeit entstehen konnte. Bei der Willicher Kulturstiftung der Sparkasse Krefeld und der Anton-Betz-Stiftung bedanke ich mich für die großzügige Unterstützung dieser Publikation.

Viele neue Anregungen und Inspirationen wünscht Ihnen
Klaus Behrla

Erster Vorsitzender, Willicher Kunstverein e. V.

Anhang

Literaturverzeichnis

„All together now! Kunst im Kollektiv [herausgegeben von The Collective Eye]" [Editorial], in: *Kunstforum International*, Bd. 285, 2022, S. 46/47, https://www.kunstforum.de/artikel/all-together-now/ (20.3.2025).

„Figuration. Raster", in: *Sigmar Polke. Dualismen*, hg. von Kunstforum Ostdeutsche Galerie Regensburg und Städtische Galerie Karlsruhe, Ausst.-Kat. Ostdeutsche Galerie, Regensburg, Städtische Galerie, Karlsruhe 2021/22, Regensburg 2021, S. 20–35.

„‚Film ist immer kollektives Arbeiten'. Ein E-Mail-Interview von Barbara Engelbach und Ursula Frohne mit der Künstlerin Katharina Sieverding", in: *Sigmar Polke. Film und Kunst*, hg. von Barbara Engelbach/Ursula Frohne, Ausst.-Kat. Museum Ludwig, Köln 2015, [anlässlich der Ausstellung „Alibis. Sigmar Polke. Retrospektive"], Köln 2016, S. 320–337.

„Franz Dahlem", in: *Café Deutschland*, https://cafedeutschland.staedelmuseum.de/gespraeche/franz-dahlem#franz-dahlem-fn-39 (20.3.2025).

„Gespräche mit Zeitzeugen. Christof Kohlhöfer", in: *Sigmar Polke. Photographs (1964–1990)*, hg. von Silke Lemmes/Bianca Quasebarth, Ausst.-Kat. Sies + Höke, Düsseldorf, Kicken Berlin, Berlin 2021/22, Bönen/Westfalen 2021, S. 108–110.

„Gespräche mit Zeitzeugen. Erhard Klein", in: *Sigmar Polke. Photographs (1964–1990)*, hg. von Silke Lemmes/Bianca Quasebarth, Ausst.-Kat. Sies + Höke, Düsseldorf, Kicken Berlin, Berlin 2021/22, Bönen/Westfalen 2021, S. 107–108.

„Gespräche mit Zeitzeugen. Reiner Speck", in: *Sigmar Polke. Photographs (1964–1990)*, hg. von Silke Lemmes/Bianca Quasebarth, Ausst.-Kat. Sies + Höke, Düsseldorf, Kicken Berlin, Berlin 2021/22, Bönen/Westfalen 2021, S. 112–116.

„In den Achtzigern waren alle munter. Brigitte Kölle im Gespräch mit Thomas Schütte", in: *Es geht voran. Kunst der 80er. Eine Düsseldorfer Perspektive*, hg. von der Kunstsammlung Nordrhein-Westfalen, Ausst.-Kat. Kunstsammlung Nordrhein-Westfalen/K21, Düsseldorf 2010/11, [anlässlich der Ausstellung „Auswertung der Flugdaten. Kunst der 80er. Eine Düsseldorfer Perspektive"], München 2010, S. 190–198.

„Urheber", in: *JuraForum*, https://www.juraforum.de/lexikon/urheber (20.3.2025).

„Urheberrecht", in: *JuraForum*, https://www.juraforum.de/lexikon/urheberrecht (20.3.2025).

„Verantwortung, die", in: *Duden*, https://www.duden.de/node/193474/revision/1372442 (20.3.2025).

[CV von Memphis Schulze] auf der Website der Galerie Setareh, https://uploads-ssl.webflow.com/62287b9ba45d717bd0fa81bb/62b5c67dafa4aff74e2b2978_CV_Memphis%20Schulze_20220404.pdf (20.3.2025).

[Impressum], in: *Mu Nieltnam Netorruprup*, hg. von der Kunsthalle zu Kiel und dem Schleswig-Holsteinischen Kunstverein, Ausst.-Kat. Kunsthalle zu Kiel, Schleswig-Holsteinischer Kunstverein, Kiel 1975, o. S.

[Impressum], in: *Fünf in Köln. Michael Buthe, Sigmar Polke, Ulrike Rosenbach, Gerhard Rühm, Alf Schuler.*, hg. vom Kölnischen Kunstverein, Ausst.-Kat. Kölnischer Kunstverein, Köln 1979, o. S.

[Sigmar Polke „Quetta", 1974/1978], auf der Website der Galerie Sies + Höke, https://www.sieshoeke.com/de/artworks/quetta (20. 3. 2025).

Achim Duchow: Traumfabrik, hg. von Silvio R. Baviera, Ausst.-Kat. Baviera, Schulze & Baltensperger, Zürich 1979.

Adriani, Götz: „Das Triumvirat der Sammler", in: *Polke. Eine Retrospektive. Die Sammlungen Frieder Burda, Josef Froehlich, Reiner Speck*, hg. von Götz Adriani, Museum Frieder Burda, Baden-Baden, Museum moderner Kunst Stiftung Ludwig Wien (mumok), Wien, Ostfildern 2007, S. 95–137.

Aufderheide, Patricia: „Creativity, copyright, and authorship", in: *Media Authorship*, hg. von Cynthia Chris/Davis A. Gerstner, New York/Abingdon 2013, S. 21–36.

Barner, Ines et al.: „Kooperation, Kollaboration, Kollektivität: Geteilte Autorschaften und pluralisierte Werke aus interdisziplinärer Perspektive", in: *Journal of Literary Theory*, 16. 1. 2022, S. 3–28.

Barthes, Roland: „The Death of the Author", in: *Theories of Authorship*, hg. von John Caughie, London/Boston 1981, S. 208–213.

Batchen, Geoffrey: „Photography and Authorship", in: *Still Searching*, Fotomuseum Winterthur, https://www.fotomuseum.ch/en/2012/10/07/photography-and-authorship (20. 3. 2025).

Beitin, Andreas: „Werner Büttner/Luciano Castelli/Rainer Fetting/Martin Kippenberger/Albert Oehlen/Salomé", in: *Freundschaften. Amitiés. Gemeinschaftswerke von Dada bis heute*, hg. von Blandine Chavanne et al., Ausst.-Kat. Musée des Civilisations de l'Europe et de la Méditerranée (MuCEM), Marseille, Kunstmuseum Wolfsburg, Wolfsburg 2022/23, Berlin 2023, S. 244–251.

Bergermann, Ulrike: „Schweineschlachten – Zwei Arten Fleisch", in: *Sigmar Polke. Wir Kleinbürger! Zeitgenossen und Zeitgenossinnen. Die 1970er Jahre*, hg. von Petra Lange-Berndt/Dietmar Rübel, Ausst.-Kat. Kunsthalle Hamburg, Hamburg 2009/10, Köln 2009, S. 130–137.

Between 7/Some 260 Miles From Here, hg. von Düsseldorfer Künstlern in Zusammenarbeit mit der Kunsthalle Düsseldorf, Ausst.-Kat. Städtische Kunsthalle, Düsseldorf, Gallery House, Goethe-Institut, London, Düsseldorf 1973, o. S.

Breslaw, Peter: „Polke, Duchow und Co.", in: *Sigmar Polke: Fotos, Achim Duchow: Projektionen*, hg. vom Kasseler Kunstverein, Ausst.-Kat. Kasseler Kunstverein, Kassel 1977, o. S.

Bushart, Magdalena/Haug, Henrike: „Vom Mehrwert geteilter Arbeit", in: Bushart, Magdalena/Haug, Henrike (Hg.): *Geteilte Arbeit. Praktiken künstlerischer Kooperation*, Wien/Köln/Weimar 2020, S. 7–28.

Butin, Hubertus: „Gerhard Richter und Sigmar Polke – Eine Künstlerfreundschaft als mikrosoziales System", in: Gelshorn, Julia (Hg.): *Legitimationen. Künstlerinnen und Künstler als Autoritäten der Gegenwartskunst*, Bern u. a. 2004 (= Kunstgeschichten der Gegenwart, Bd. 5), S. 43–60.

Butin, Hubertus: „Die Crux mit der Signatur. Der Namenszug in der modernen und zeitgenössischen Kunst zwischen Affirmation und Dekonstruktion", in: Hegener, Nicole/Horsthemke, Florian (Hg.): *Künstlersignaturen von der Antike bis zur Gegenwart*, hg. von, Petersberg 2012, S. 392–405.

Chougnet, Jean-François: „Freunde – Friends – d'Fründe", in: *Freundschaften. Amitiés. Gemein-schaftswerke von Dada bis heute*, hg. von Blandine Chavanne et al., Ausst.-Kat. Musée des Civilisations de l'Europe et de la Méditerranée (MuCEM), Marseille, Kunstmuseum Wolfsburg, Wolfsburg 2022/23, Berlin 2023, S. 48–53.

Cohn, Nik/Peellaert, Guy/Schober, Ingeborg: *Rock Dreams. Die Geschichte der Popmusik*, München 1973.

Curiger, Bice: „Im aufgewühlten anthropologischen Jahrzehnt", in: *Sigmar Polke und die 1970er Jahre. Netzwerke, Experimente, Identitäten*, hg. von Joseph Imorde/Eva Schmidt/Christian Spies, Ausst.-Kat. Museum für Gegenwartskunst Siegen, Siegen 2019, S. 19–25.

Deleuze, Gilles/Guattari, Félix: *Was ist Philosophie?*, Frankfurt am Main 2000 (= Suhrkamp-Taschenbuch Wissenschaft, Bd. 1483).

Deppner, Martin Roman: „Fotografie im Diskurs performativer Kulturen – Vorwort", in: Deppner, Martin Roman (Hg.): *Fotografie im Diskurs performativer Kulturen*, Heidelberg 2006, S. 6–17.

Dickhoff, Wilfried: „Vorwort" in: *Walter Dahn im Gespräch mit Wilfried Dickhoff, Bettina Pauly und Johannes Stüttgen*, Köln 1993 (= Kunst heute, Nr. 8), S. 9–17.

Duchow, Achim: „Expertise zu Don Martin", in: *Franz Liszt kommt gern zu mir zum Fernsehen. Sigmar Polke, Achim Duchow*, hg. vom Westfälischen Kunstverein, Ausst.-Kat. Westfälischer Kunstverein, Münster 1973, o. S.

Duchow, Achim/Wiese, Stephan von: „Hart am Wind segeln", in: *Achim Duchow. Blindes Vertrauen. Werkverzeichnis 1971–1993*, hg. von Max Schulze/Lili Helena Duchow/Barbara Lange-Duchow (Estate Achim Duchow), Düsseldorf 2023, S. 201–230.

Ehrmann, Daniel: *Kollektivität. Geteilte Autorschaften und kollaborative Praxisformen 1770–1840*, Wien/Köln 2022 (= Literaturgeschichte in Studien und Quellen, Bd. 34).

Engelbach, Barbara: „Zwischen Praxis und Produkt. Polkes Filme", in: *Alibis. Sigmar Polke 1963–2010*, hg. von Kathy Halbreich et al., Ausst.-Kat, Museum Ludwig, Köln, [anlässlich der Ausstellung „Alibis. Sigmar Polke. Retrospektive"], München 2015, S. 150–156.

Ertel, Kurt Friedrich: „In Sachen der modernen Kunst", in: *In Sachen der modernen Kunst*, Ausst.-Kat. Gruppe 9, Gießen 1976, o. S.

Evers, Dunja: „Der künstlerische Akt als performativer Prozess", in: Deppner, Martin Roman (Hg.): *Fotografie im Diskurs performativer Kulturen*, Heidelberg 2006, S. 80–85.

Faust, Wolfgang Max: „Mülheimer Freiheit/Eine Interviewmontage", in: *Kunstforum International*, Bd. 47, 1982, S. 117–122.

Film Kritisch, hg. von Christof Kohlhöfer/Lutz Mommartz/Tony Morgan, Kat. Kunsthalle Düsseldorf, Düsseldorf 1971, o. S.

Fischer, Christine: „Mediale Inszenierung geteilter Autor*innenschaften: Pauline Viardot-Gar-cìas Rollenporträts als Orphée (Paris, Disdéri, 1859)", in: *Journal of Literary Theory*, Jg. 16, Nr. 1, 2022, S. 96–126, https://doi.org/10.1515/jlt-2022-2018 (20. 3. 2025).

Fischer, Franz: [Videoaufnahme], 1975/77, Archiv der Anna Polke-Stiftung.

Foucault, Michel: „Was ist ein Autor?", in: Jannidis, Fotis (Hg.): *Texte zur Theorie der Autorschaft*, Stuttgart 2000 (= Reclams Universal-Bibliothek, Bd. 18058), S. 198–229.

Franz Liszt kommt gern zu mir zum Fernsehen. Sigmar Polke, Achim Duchow, hg. vom Westfälischen Kunstverein, Ausst.-Kat. Westfälischer Kunstverein, Münster 1973.

Freitag, Eberhard/Vogel, Carl: „Über Sigmar Polke", in: *Sigmar Polke. Sämtliche grafischen Blätter*, hg. von der Benzin- und Petroleum Aktiengesellschaft, Ausst.-Kat. Clubheim der Deutschen BP Aktiengesellschaft, Hamburg 1975, S. 6–9.

Gamper, Verena: „Aneignung als Dialog", in: *Remastered. Die Kunst der Aneignung/Remastered. The Art of Appropriation*, hg. von Florian Steininger/Verena Gamper, Ausst.-Kat. Kunsthalle Krems 2017/18, Köln 2017, S. 14–23.

Gehlen, Dirk von: *Mashup: Lob der Kopie*, Berlin 2011 (= Edition Suhrkamp, Bd. 2621).

Gelshorn, Julia: „Autobiographie als Maskerade. Inszenierung und Verbergen bei Sigmar Polke", in: Georgen, Theresa/Muyers, Carola (Hg.): *Bühnen des Selbst. Zur Autobiographie in den Künsten des 20. und 21. Jahrhunderts*, Kiel 2006 (= Gestalt und Diskurs, Bd. 6), S. 111–132.

Gelshorn, Julia: „Sigmar Polke", in: Freybourg, Anne Marie (Hg.): *Die Inszenierung des Künstlers*, Berlin 2008, S. 25–30.

Gelshorn, Julia „Collage und Kollektiv. Politiken der visuellen Aneignung", in: *Sigmar Polke. Wir Kleinbürger! Zeitgenossen und Zeitgenossinnen. Die 1970er Jahre*, hg. von Petra Lange-Berndt/Dietmar Rübel, Ausst.-Kat. Kunsthalle Hamburg, Hamburg 2009/10, Köln 2009, S. 407–422.

Gelshorn, Julia: „Autorfunktion und Kunstgeschichte – Einleitung", in: Fastert, Sabine/ Joachimides, Alexis/Krieger, Verena (Hg.): *Die Wiederkehr des Künstlers. Themen und Positionen der aktuellen Künstler/innenforschung*, hg. von Sabine Fastert/Alexis Joachimides/ Verena Krieger, Köln/Weimar/Wien 2011 (= Kunst – Geschichte – Gegenwart, Bd. 2), S. 291/292.

Gelshorn, Julia: *Aneignung und Wiederholung. Bilddiskurse im Werk von Gerhard Richter und Sigmar Polke*, Diss. Bern 2003, München 2012.

Gerok-Reiter, Annette et al.: „Einführung", in: Gropper, Stefanie et al. (Hg.): *Plurale Autorschaft. Ästhetik der Co-Kreativität in der Vormoderne*, Berlin/Boston 2023 (= Andere Ästhetik – Koordinaten, Bd. 2), S. IX–XLII.

Glaubitz, Nicola/Wesselmann, Katharina: „Plurale Autorschaft: Formen der Zusammenarbeit in Schriftkultur, Kunst und Literatur", in: Glaubitz, Nicola/Wesselmann, Katharina (Hg.): *Plurale Autorschaft. Formen der Zusammenarbeit in Schriftkultur, Kunst und Literatur*, Würzburg 2023 (= Literatur in Wissenschaft und Unterricht, Neue Folge, 2023, Bd. 2), S. 129–140.

Glozer, Laszlo: *Sigmar Polke. Von Willich aus/Starting from Willich. Fotografien/Photographs 1973–78*, hg. von Laszlo Glozer, Ausst.-Kat. Michael Werner Kunsthandel, Köln 2015.

Gludovatz, Karin: *Fährten legen – Spuren lesen. Die Künstlersignatur als poietische Referenz*, Diss. Wien 2004, Paderborn/München 2011.

Gohr, Siegfried: „Polke – Der Photograph im Als-ob", in: *Sigmar Polke Photoarbeiten*, hg. vom Kunsthaus Lempertz, Ausst.-Kat. Lempertz, Köln u. a., Köln 2011, o. S.

Grammel, Søren: *Ausstellungsautorschaft. Die Konstruktion der auktorialen Position des Kurators bei Harald Szeemann. Eine Mikroanalyse*, Frankfurt am Main 2005.

Graw, Isabelle: „Beziehungsmuster bei Sigmar Polke", in: *Texte zur Kunst*, Nr. 10, 1993, S. 77–89.

Graw, Isabelle: *Der große Preis. Kunst zwischen Markt und Celebrity Kultur*, Köln 2008.

Green, Charles: *The Third Hand. Collaboration in Art from Conceptualism to Postmodernism*, Minneapolis 2001.

Gruppe Axiom. Feuser, Finkeldei, Rissa, Scheel, Tadeusz, Ausst.-Kat. Axiom, Galerie für Moderne Kunst, Köln 1977.

Heibach, Astrid: „Anmerkungen zur gemeinsamen Arbeit an der Künstlerzeitung ‚Day by Day … they take some brain away'", 2020, unveröffentlicht, Archiv der Anna Polke-Stiftung.

Heibach, Astrid: [schriftlicher Kommentar zur Entstehung von *Je.Nous/Ik.Wij*], undatiert, o. S., unveröffentlicht, Archiv der Anna Polke-Stiftung.

Heibach, Astrid: „Sigmar Polke: Bilder, Tücher, Objekte: Werkauswahl 1962–1971", undatiert, o. S., unveröffentlicht, Archiv der Anna Polke-Stiftung.

Hentschel, Martin: „Drucksachen oder die Kunst der Kommunikation. Sigmar Polkes Editionen 1963–2000", in: *Sigmar Polke. Die Editionen 1963–2000. Catalogue raisonné*, hg. von Jürgen Becker/Klaus von der Osten, Ostfildern-Ruit 2000, S. 361–399.

Herzogenrath, Wulff: „Eine Kölner Kunstszene!", in: *Fünf in Köln. Michael Buthe, Sigmar Polke, Ulrike Rosenbach, Gerhard Rühm, Alf Schuler*, hg. vom Kölnischen Kunstverein, Ausst.-Kat. Kölnischer Kunstverein, Köln 1979, o. S.

Holdar, Magdalena: *Fluxus as a Network of Friends, Strangers, and Things. The Agency of Chance Collaborations*, Leiden/Boston 2023.

Honnef, Klaus: „Malerei zwischen antagonistischen Polen", in: *Gruppe Syn*, hg. von Klaus Honnef, Ausst.-Kat. Gegenverkehr e. V., Zentrum für aktuelle Kunst, Aachen 1970, o. S.

Honnef, Klaus: „Kunst (zerstören, fälschen, stehlen) Wirklichkeit", in: *Franz Liszt kommt gern zu mir zum Fernsehen. Sigmar Polke, Achim Duchow*, hg. vom Westfälischen Kunstverein, Ausst.-Kat. Westfälischer Kunstverein, Münster 1973, o. S.

Honnef, Klaus: „Tagebuch", in: *Kunstforum International*, Bd. 4/5, 1973, S. 214 ff., https://www. kunstforum.de/artikel/tagebuch-13/ (20. 3. 2025), [online o. S.].

Honnef, Klaus: „Sigmar Polke und die Kunst der Fälscher", in: *Sigmar Polke. Original + Fälschung*, hg. von Agnes Husslein-Arco, Ausst.-Kat. Rupertinum, Salzburg 2003, S. 6–10.

Imhof, Dora: „Bezüge und Beziehungen", in: *Sigmar Polke und die 1970er Jahre. Netzwerke, Experimente, Identitäten*, hg. von Joseph Imorde/Eva Schmidt/Christian Spies, Ausst.-Kat. Museum für Gegenwartskunst Siegen, Siegen 2019, S. 75–88.

Japan 8-9-3. Achim Duchow. In Search of Japan. Fotografien 1979–1993, hg. vom Weltkunstzimmer, Ausst.-Kat. Weltkunstzimmer, Düsseldorf 2014.

Jensen, Jens Christian: „Über Sigmar Polke", in: *Sigmar Polke, Achim Duchow. Mu Nieltnam Netorruprup*, hg. von der Kunsthalle zu Kiel und dem Schleswig-Holsteinischen Kunstverein, Ausst.-Kat. Kunsthalle zu Kiel, Schleswig-Holsteinischer Kunstverein, Kiel 1975, o. S.

Jocks, Heinz-Norbert: „Keine Subjektivität ohne Kollektivität. Wir waren immer kollektiv", in: *Kunstforum International*, Bd. 285, 2022, S. 48–61.

Kester, Grant H.: *The One and the Many. Contemporary Collaborative Art in a Global Context*, Durham/London 2011.

Kollektive Kreativität, hg. von René Block, Ausst.-Kat. Kunsthalle Fridericianum, Kassel, Frankfurt am Main 2005.

König, Martin: *Exzessive Kreativität. Achim Duchow*, unveröffentlichte Diplomarbeit, Düsseldorf 1990, Estate Achim Duchow.

Krauss, Rosalind: *The Originality of the Avant-Garde and Other Modernist Myths*, Cambridge, Mass./London 1985.

Krieger, Verena: „Sieben Arten, an der Überwindung des Künstlerkonzepts zu scheitern", in: Hellmold, Martin et al. (Hg): *Was ist ein Künstler? Das Subjekt der modernen Kunst*, München 2003, S. 17–148.

Kurmann, Luigi: „Arbeiten für und mit Dennis Oppenheim", in: Bushart, Magdalena/Haug, Henrike (Hg.): *Geteilte Arbeit. Praktiken künstlerischer Kooperation*, Wien/Köln/Weimar 2020 (= Interdependenzen, Bd. 5), S. 219–242.

Lange-Berndt, Petra: „Biography as ALIBI. On Sigmar Polke at the Museum of Modern Art, New York", in: *Texte zur Kunst*, Nr. 95, 2014, S. 252–255.

Lange-Berndt, Petra/Lindermann, Isabelle: „Kollektive Energien in der Kunst. 1968 bis heute", in: Lange-Berndt, Petra/Lindermann, Isabelle (Hg.): *13 Beiträge zu 1968. Von künstlerischen Praktiken und vertrackten Utopien*, Bielefeld 2022, S. 7–25.

Lange-Berndt, Petra/Rübel, Dietmar: „Multiple Maniacs! Fluchtbewegungen bei Sigmar Polke & Co.", in: *Sigmar Polke. Wir Kleinbürger! Zeitgenossen und Zeitgenossinnen. Die 1970er Jahre*, hg. von Petra Lange-Berndt/Dietmar Rübel, Ausst.-Kat. Kunsthalle Hamburg, Hamburg 2009/10, Köln 2009, S. 20–70.

Lange-Berndt, Petra/Rübel, Dietmar: „Buick Adventures", in: *Memphis Schulze. Werkverzeichnis 1969–1993*, hg. von Katrin Menne et al., Köln 2014, S. 60–89.

Lange-Berndt, Petra/Rübel, Dietmar: „Cameleonardo Da Willich", in: *Memphis Schulze. Werkverzeichnis 1969–1993*, hg. von Katrin Menne et al., Köln 2014, S. 90–101.

Lange-Berndt, Petra/Rübel, Dietmar: „Let's Rock!", in: *Memphis Schulze. Werkverzeichnis 1969–1993*, hg. von Katrin Menne et al., Köln 2014, S. 11–29.

Lange-Berndt, Petra/Rübel, Dietmar: „Medienvampire. Sigmar Polkes intermediale Praxis", in: *Sigmar Polke. Film und Kunst*, hg. von Barbara Engelbach/Ursula Frohne, Ausst.-Kat. Museum Ludwig, Köln 2015 [anlässlich der Ausstellung „Alibis. Sigmar Polke. Retrospektive"], Köln 2016, S. 53–85.

Lange-Berndt, Petra/Rübel, Dietmar: „MAD(E) IN WEST GERMANY. Über die Strukturen des Mit, Für- und Gegeneinanders in künstlerischen Gemeinschaften", in: *Singular/Plural. Kollaborationen in der Post-Pop-Polit-Arena. Düsseldorf 1969–1980*, hg. von Petra Lange-Berndt et al., Ausst.-Kat. Kunsthalle Düsseldorf, Düsseldorf, Köln 2017, S. 30–172.

Lange-Berndt, Petra/Rübel, Dietmar: „Modernity Killed Every Night! Soziotope in den 1970er-Jahren", in: *Ausbruch & Rausch, Frauen, Kunst, Punk. 1975–1980*, hg. von Bice Curiger/Stefan Zweifel, Ausst.-Kat. Museum Strauhof, Zürich 2020, S. 227–233.

Lange-Berndt, Petra/Rübel, Dietmar: „Leben und Arbeiten im Plural. 1971–1978", in: *Achim Duchow. Blindes Vertrauen. Werkverzeichnis 1971–1993*, hg. von Max Schulze/Lili Helena Duchow/Barbara Lange-Duchow (Estate Achim Duchow), Düsseldorf 2023, S. 61–74.

Liebelt, Michael: „Narrenspiele aus dem Nichts", in: *Sigmar Polke. Wir Kleinbürger! Zeitgenossen und Zeitgenossinnen. Die 1970er Jahre*, hg. von Petra Lange-Berndt/Dietmar Rübel, Ausst.-Kat. Kunsthalle Hamburg, Hamburg 2009/10, Köln 2009, S. 447–450.

Maar, Kirsten/McGovern, Fiona: „Gemeinsam zwischen den Künsten. Kollaborative Ansätze in Produktion und Präsentation von Musik, Tanz und bildenden Künsten seit den 1960er Jahren", in: Bushart, Magdalena/Haug, Henrike (Hg.): *Geteilte Arbeit. Praktiken künstlerischer Kooperation*, Wien/Köln/Weimar 2020 (= Interdependenzen, Bd. 5), S. 185–204.

Mader, Rachel: „Einleitung", in: *Kollektive Autorschaft in der Kunst. Alternatives Handeln und Denkmodell*, hg. von Rachel Mader, Bern u. a. 2012, S. 7–19.

Mader, Rachel: „Jenseits von Autor:innenschaft? Kollektivität in der Kunst", in: Glaubitz, Nicola/Wesselmann, Katharina (Hg.): *Plurale Autorschaft. Formen der Zusammenarbeit in Schriftkultur, Kunst und Literatur*, Würzburg 2023 (= Literatur in Wissenschaft und Unterricht, Neue Folge, 2023, Bd. 2), S. 205–222.

Mehring, Christine: „Shock Value: Sigmar Polke's 1976 Retrospective in Düsseldorf", in: *Artforum*, Jg. 52, Nr. 8, 2014, S. 218–227, https://www.artforum.com/features/shock-value-sigmar-polkes-1976-retrospective-in-dusseldorf-219734/ (20. 3. 2025).

Meinhardt, Johannes: „‚Original + Fälschung' Der Mythos der Autorschaft und der Mythos der Authentizität. Kunsthalle Tübingen, 8. 12. 2007–24. 2. 2008", in: *Kunstforum International*, Bd. 190, 2008, S. 356–357.

Meister, Helga: *Die Kunstszene Düsseldorf*, Recklinghausen 1979.

Mitchell, Janice: „Kollektive und Politik", in: *Kunstforum International*, Bd. 285, 2022, S. 80–89.

Moherdaui, Luciana: „#PROTESTEMOS", in *Texte zur Kunst*, Nr. 124, Dezember 2021, S. 103–113.

Mühling, Matthias: „Gruppendynamik – Der blaue Reiter", in: *Gruppendynamik. Der Blaue Reiter,* Ausst.-Kat. Lenbachhaus, München 2021/22 [anlässlich der Ausstellung „Gruppendynamik – Kollektive der Moderne"], Berlin 2021, S. 14–23.

Nancy, Jean-Luc: *Singulär plural sein,* durchgesehene Neuaufl., Berlin 2012 (= Transpositionen, Bd. 16).

Pabst, Stephan/Penke, Niels: „Kollektive Autorschaft" in: Wetzel, Michael (Hg.): *Grundthemen der Literaturwissenschaft: Autorschaft,* Berlin/Boston 2022, S. 411–428.

Paoletti, John T.: „Higher Beings Command. The Prints of Sigmar Polke", in: *The Print Collector's Newsletter,* Jg. 22, Nr. 2, Mai/Juni 1991, S. 37–44, https://www.jstor.org/stable/24554251 (20. 3. 2025).

Paromkin, Sergej: „Der Gaspelshof und Sigmar Polke", in: *Willich Kompakt,* Nr. 6, 2015, S. 14–17.

Piffer Damiani, Marion: „Get Together – Kunst als Teamwork", in: *Get Together – Kunst als Teamwork,* hg. von Paolo Bianchi et al., Ausst.-Kat. Kunsthalle Wien, Wien 1999/2000, Wien/Bozen 1999, S. 8–13.

Polke & Co. Wir Kleinbürger! Zeitgenossen und Zeitgenossinnen, hg. von Diemar Rübel, Ausst.-Kat. Kunsthalle Hamburg, Hamburg 2009/10, [Dokumentation einer Ausstellung in der Hamburger Kunsthalle], Köln 2010.

Polke/Richter. Richter/Polke. Galerie h, Hannover, 1. bis 26. März 1966. Katalog, Entwürfe, Fotografien, Dokumente, hg. von Dietmar Elger, Ausst.-Kat. Gerhard-Richter-Archiv, Staatliche Kunstsammlungen Dresden, Dresden [anlässlich der Ausstellung „Polke/Richter. Dokumentation einer Ausstellung" des Gerhard-Richter-Archiv im Albertinum], Köln 2014.

Quarta, Antonia „Hommage an die Extemporaneität Sigmar Polkes (oder: Der nicht juristische Aspekt des Urheberrechts)", in: *Franz Liszt kommt gern zu mir zum Fernsehen. Sigmar Polke, Achim Duchow,* hg. vom Westfälischen Kunstverein, Ausst.-Kat. Westfälischer Kunstverein, Münster 1973, o. S.

R. G.: „Pilze aus dem Underground. Sigmar Polke & Co. in der Kieler Kunsthalle", in: *Kieler Nachrichten,* 88/1975, o. S., Archiv der Anna Polke-Stiftung.

Reise, Barbara: „Who, what is ‚Sigmar Polke'", in: *Studio International,* Nr. 192, 1976, S. 83–86, 207–210.

Reise, Barbara: „Who, what is ‚Sigmar Polke'", in: *Studio International,* Nr. 193, 1977, S. 38–40.

Reise, Barbara: „Wer … Was … ist Sigmar Polke", in: *Sigmar Polke,* hg. von Toni Stooss/Harald Szeemann, Ausst.-Kat. Josef-Haubrich-Kunsthalle, Köln 1984, S. 48–57.

Richter, Gerhard: „Notizen 1964 (– 1967)", in: Elber, Dietmar/Obrist, Hans Ulricht (Hg.): *Gerhard Richter. Text 1961 bis 2007. Schriften, Interviews, Briefe,* Köln 2008, S. 21–23.

Rottmann, Kathrin: „Polke im Kontext. Eine Chronologie", in: *Alibis. Sigmar Polke 1963–2010,* hg. von Kathy Halbreich et al., Ausst.-Kat. Museum Ludwig, [anlässlich der Ausstellung „Alibis. Sigmar Polke. Retrospektive"], Köln 2015, S. 26–69.

Rötzer, Florian: „Von der Utopie einer Kollektiven Kunst", in: *Kunstforum International,* Bd. 116, 1991, S. 70–77.

Rübel, Dietmar: „Niederschlag des Lebens. Bildprozessoren in Düsseldorf, Willich und Zürich", in: *Memorizer. Der Sammler Andreas Züst,* hg. von Stephan Kunz, Ausst.-Kat. Aargauer Kunsthaus, Aarau, Zürich 2009, S. 129–176.

Rübel, Dietmar: „Supermarkets – It's a MAD World", in: *Sigmar Polke. Wir Kleinbürger! Zeitgenossen und Zeitgenossinnen. Die 1970er Jahre,* hg. von Petra Lange-Berndt/Dietmar Rübel, Ausst.-Kat. Kunsthalle Hamburg, Hamburg 2009/10, Köln 2009, S. 120–129.

Die Sammlung Toni Gerber im Kunstmuseum Bern, hg. vom Kunstmuseum Bern, Ausst.-Kat. Kunstmuseum Bern, Bern 1986.

Schenker, Christoph: „Zur Geschichte der Galerie Toni Gerber", in: *Die Sammlung Toni Gerber im Kunstmuseum Bern*, hg. vom Kunstmuseum Bern, Ausst.-Kat. Kunstmuseum Bern, Bern 1986, S. 21–32.

Schmidt, Katharina: „Pfeile ins Gewitter. Beobachtungen an den Zeichnungen, Aquarellen und Skizzenbüchern von Sigmar Polke", in: *Sigmar Polke. Zeichnungen, Aquarelle, Skizzenbücher. 1962–1988*, Ausst.-Kat. Kunstmuseum Bonn, Bonn, Köln 1988, S. 181–199.

Schmidt, Siegfried Johannes: *Ästhetische Prozesse. Beiträge zu einer Theorie der nicht-mimetischen Kunst und Literatur*, Köln 1971.

Schröter, Jens: „Autorschaft aus dem Blickwinkel der Akteur-Netzwerk-Theorie", in: Wetzel, Michael (Hg.): *Grundthemen der Literaturwissenschaft: Autorschaft*, Berlin/Boston 2022, S. 625–632.

Schulze, Max: „A Planet Where Time Misbehaves", in: *Singular/Plural. Kollaborationen in der Post-Pop-Polit-Arena. Düsseldorf 1969–1980*, hg. von Petra Lange-Berndt et al., Ausst.-Kat. Kunsthalle Düsseldorf, Düsseldorf, Köln 2017, S. 173–183.

Schulze-Vellinghausen, Albert/Schroeder, Anneliese: *Deutsche Kunst nach Baumeister. Junger Westen. Eine Anthologie in Bildern*, Recklinghausen 1958.

Schütz, Heinz: „Autor*innenmodelle und Identitätskonstruktionen", in: *Kunstforum International*, Bd. 292, 2023, S. 46–59.

Seegers, Ulli: „Pakistan and Beyond. Über Sigmar Polkes Orientfotografie und transkulturelle Zwischenräume", in: *Sigmar Polke. Road Trip through the Middle East. Pictorial Photography from Afghanistan and Pakistan*, hg. von Sies + Höke/Kicken Berlin, Ausst.-Kat. Sies + Höke, Düsseldorf 2020, S. 12–21.

Siepmann, Eckhard: „Zur Konzeption des Projekts", in: *Nilpferd des höllischen Urwalds. Spuren in eine unbekannte Stadt. Situationisten, Gruppe SPUR, Kommune 1. Ein Ausstellungsgeflecht des Werkbund-Archivs Berlin zwischen Kreuzberg und Scheunenviertel*, hg. von Wolfgang Dreßen, Ausst.-Kat. Werkbund-Archiv, Berlin, Giessen 1991 (= Werkbund-Archiv, Bd. 24), S. 6–14.

Sigmar Polke, hg. von Maria Giulia Montessori, Ausst.-Kat. Palazzo Grassi, Venedig 2016.

Sigmar Polke. Athanor. Il Padiglione, hg. von Dierk Stemmler, Ausst.-Kat. Pavillon der Bundesrepublik Deutschland, 42. Biennale di Venezia, Düsseldorf 1986.

Sigmar Polke. Bilder, Tücher, Objekte. Werkauswahl 1962–1971, hg. von Benjamin Buchloh, Ausst.-Kat. Kunsthalle Tübingen, Tübingen, Kunsthalle Düsseldorf, Düsseldorf, Stedelijk van Abbe-Museum, Eindhoven, Köln 1976.

Sigmar Polke. Original + Fälschung, Ausst.-Kat. Städtisches Kunstmuseum, Bonn 1974, o. S.

Sigmar Polke Plakate, Sammlung Ciesielski, Köln 2013.

Sigmar Polke. Wir Kleinbürger! Zeitgenossen und Zeitgenossinnen. Die 1970er Jahre, hg. von Petra Lange-Berndt/Dietmar Rübel, Ausst.-Kat. Kunsthalle Hamburg, Hamburg 2009/10, Köln 2009.

Solidarische Räume & kooperative Perspektiven. Praxis und Theorie in Lateinamerika und Europa, hg. von Kollektiv Orangotango, Neu-Ulm 2010.

Spies, Christian: „Winkelzüge einer Malerbiografie. Autorschaft und Selbstinszenierung in Polkes Werk der 1970er Jahre", in: *Sigmar Polke und die 1970er Jahre. Netzwerke, Experimente, Identitäten*, hg. von Joseph Imorde/Eva Schmidt/Christian Spies, Ausst.-Kat. Museum für Gegenwartskunst Siegen, Siegen 2019, S. 101–115.

Stech, Molly Torsen: „Co-Authorship Between Photographers and Portrait Subjects", in: *Vanderbilt Journal of Entertainment & Technology Law*, Jg. 25, Nr. 1, 2023, S. 53–112, https://cdn.vanderbilt.edu/vu-URL/wp-content/uploads/sites/356/2023/03/20025342/2.Stech-Co-Authorship_FINAL_Master.pdf (20. 3. 2025).

Steffen, Katharina: „Day by Day … ein Flashback mit Zukunft", in: *Sigmar Polke. Wir Kleinbürger! Zeitgenossen und Zeitgenossinnen. Die 1970er Jahre*, hg. von Petra Lange-Berndt/Dietmar Rübel, Ausst.-Kat. Kunsthalle Hamburg, Hamburg 2009/10, Köln 2009, S. 287–339.

Steffen, Katharina: „Wenn höhere Wesen Piano spielen", in: *Sigmar Polke und die 1970er Jahre. Netzwerke, Experimente, Identitäten*, hg. von Joseph Imorde/Eva Schmidt/Christian Spies, Ausst.-Kat. Museum für Gegenwartskunst Siegen, Siegen 2019, S. 36–65.

Terkessidis, Mark: *Kollaboration*, Berlin 2015 (= Edition Suhrkamp, Bd. 2686).

Thistlewood, David: „Sigmar Polke and the Critical Problem of Multiple ‚Signature Styles'", in: Thistlewood, David (Hg.): *Sigmar Polke. Back to Postmodernity*, Liverpool 1996 (= Tate Gallery Liverpool Critical Forum Series, Bd. 4), S. 3/4.

Végh, Christina: „Art History und Oral History – eine schwierige Beziehung. Ein Plädoyer für Geschichten und Sprachen", in: Gelshorn, Julia (Hg.): *Legitimationen. Künstlerinnen und Künstler als Autoritäten der Gegenwartskunst*, Bern u. a. 2004 (= Kunstgeschichten der Gegenwart, Bd. 5), S. 87–105.

Weiss, Evelyn: „Day by day … they take some brain away", in: *Sigmar Polke. Werke aus der Sammlung Froehlich*, hg. von Götz Adriani, Ausst.-Kat. Museum für Neue Kunst, Karlsruhe 2000/01, Ostfildern-Ruit 2000, S. 37/38.

Weiss, Judith Elisabeth: „Homi K. Bhabha. Die Documenta als ästhetisches Gemeingut. Gedanken zum globalen Kunstraum und zur Wirkung kollektiver Kunst", in: *Kunstforum International*, Bd. 283, 2022, S. 78–83.

Wetzel, Michael: „Der Autor-Künstler", in: Hellmold, Martin et al. (Hg.): *Was ist ein Künstler? Das Subjekt der modernen Kunst*, München 2003, S. 229–241.

Wetzel, Michael: „Einleitung", in: *Grundthemen der Literaturwissenschaft: Autorschaft*, hg. von Michael Wetzel, Berlin/Boston 2022, S. 1–78.

What, How & For Whom: „Die Umrisse des Möglichen", in: *Kollektive Kreativität*, hg. von René Block, Kunsthalle Fridericianum, Kassel, Frankfurt am Main 2005, S. 10–17.

Wienand, Kea: *Nach dem Primitivismus?*, Diss. Oldenburg 2012, leicht überarb. Fassung, Bielefeld 2015 (= Studien zur visuellen Kultur, Bd. 219), S. 201–233, [Kap. „Die Faszination des Anderen. Parodien (klein-)bürgerlicher Fantasien in drei Arbeiten von Sigmar Polke (1968, 1975 und 1976)"].

Wilhelmi, Christoph: *Künstlergruppen in Deutschland, Österreich und der Schweiz seit 1900*, Stuttgart 1996.

Wolff, Janet: *The Social Production of Art*, London/Basingstoke 1981.

Wyrwoll, Regina: „Fortschreitende Transformation", in: *Klaus Mettig. Arbeiten 1976–2010*, hg. von Neue Gesellschaft für Bildende Kunst, Berlin/Stiftung museum kunst palast, Ausst.-Kat. museum kunst palast Düsseldorf 2010/11, [anlässlich der Ausstellung „Klaus Mettig. Arbeiten 1976–2010"], Neue Gesellschaft für Bildende Kunst (NGBK), Berlin 2008, [anlässlich der Ausstellung „Klaus Mettig. Dont't be left behind. Fotoarbeiten und Projektionen 1978–2008"], Köln 2010.

Ziemer, Gesa: „Komplizenschaft. Eine kollektive Kunst- und Alltagspraxis", in: Mader, Rachel (Hg.): *Kollektive Autorschaft in der Kunst. Alternatives Handeln und Denkmodell*, Bern u. a. 2012, S. 123–138.

Zimmer, Nina: *SPUR und andere Künstlergruppen. Gemeinschaftsarbeit in der Kunst um 1960 zwischen Moskau und New York*, Berlin 2002.

Zweifel, Stefan: „Le Don du Rien – Kreationen aus Nichts. Gespräch mit Katharina Steffen", in: *Ausbruch & Rausch, Frauen Kunst Punk. 1975–1980*, hg. von Bice Curiger/Stefan Zweifel, Ausst.-Kat. Museum Strauhof, Zürich 2020, S. 187–192.

Bildnachweis

Abb. 1: Sigmar Polke/Achim Duchow: „Toulouse Lautrec: Die Büglerin und die Trinkerin", in: *Franz Liszt kommt gern zu mir zum Fernsehen. Sigmar Polke, Achim Duchow*, hg. vom Westfälischen Kunstverein, Ausst.-Kat. Westfälischer Kunstverein, Münster 1973, o. S., © VG Bild-Kunst, Bonn 2025.

Abb. 2: Sigmar Polke/Achim Duchow: „Toulouse Lautrec: Die Büglerin und die Trinkerin", in: *Franz Liszt kommt gern zu mir zum Fernsehen. Sigmar Polke, Achim Duchow*, hg. vom Westfälischen Kunstverein, Ausst.-Kat. Westfälischer Kunstverein, Münster 1973, o. S., © VG Bild-Kunst, Bonn 2025.

Abb. 3: Sigmar Polke/Achim Duchow: „Toulouse Lautrec: Die Büglerin und die Trinkerin", in: *Franz Liszt kommt gern zu mir zum Fernsehen. Sigmar Polke, Achim Duchow*, hg. vom Westfälischen Kunstverein, Ausst.-Kat. Westfälischer Kunstverein, Münster 1973, o. S., © VG Bild-Kunst, Bonn 2025.

Abb. 4: Blick auf den Gaspelshof von Seiten der Straße und des anliegenden Felds, ca. 1970er-Jahre, Peter Wynands, Foto: unbekannt, bereitgestellt von Peter Wynands.

Abb. 5: Achim Duchow: „Friends of the Seventies", ca. 1976, digitale Farbprints von 2017, 20 × 30 cm, Foto: Kunstpalast – ARTOTHEK, © VG Bild-Kunst, Bonn 2025.

Abb. 6: Sigmar Polke: „ohne Titel (Willich)", 1975, Fotografie, 21 × 30 cm, Foto: Archiv der Anna Polke-Stiftung, © VG Bild-Kunst, Bonn 2025.

Abb. 7: Sigmar Polke: „Supermarkets", 1976, Gouache, Goldbronze, Lack- und Acrylfarben, Filzstift, Collage auf Papier auf Leinwand, 207 × 295 cm, Foto: Peter Schächli, Archiv der Anna Polke-Stiftung, © VG Bild-Kunst, Bonn 2025.

Abb. 8: Sigmar Polke: „Messerwerfer", 1975, Offsetdruck, 37 × 26 cm, Foto: Archiv der Anna Polke-Stiftung, Privatarchiv Eifel, © VG Bild-Kunst, Bonn 2025.

Abb. 9: Sigmar Polke/Katharina Steffen/Achim Duchow/Astrid Heibach/Kaka Lemoine/ Sigi Krauss/Lucky Luke und sein Freund: Beitrag in dem Künstlerbuch *Je.Nous/Ik.Wij*, 1975, 31 × 19,5 cm, Foto: Anna Polke-Stiftung, © VG Bild-Kunst, Bonn 2025.

Abb. 10: Sigmar Polke: „Zeughaus", 1976, Fotolithografie nach einer Fotografie von Klaus Mettig, 85 × 60,9 cm, Foto: Archiv der Anna Polke-Stiftung, © VG Bild-Kunst, Bonn 2025.

Abb. 11: Astrid Heibach: „Ladies of the Seventies", 1973/1977, Eiweiß-Lasurfarben auf zwei Fotografien von Sigmar Polke, Foto: Astrid Heibach, © VG Bild-Kunst, Bonn 2025.

Abb. 12: Astrid Heibach: „Ladies of the Seventies", 1973/1977, Eiweiß-Lasurfarben auf zwei Fotografien von Sigmar Polke, Foto: Astrid Heibach, © VG Bild-Kunst, Bonn 2025.

Abb. 13: Sigmar Polke: „Ohne Titel (Gitarre, Schallplatten, Tänzer)", 1978/1979, Übermalung von Achim Duchows „Traumfabrik", Gouache auf Papier, 100 × 70 cm, Foto: Archiv der Anna Polke-Stiftung © VG Bild-Kunst, Bonn 2025.

Abb. 14: Achim Duchow: „Traumfabrik", 1977/1978, Gouache auf Papier, 100 × 70 cm, Foto: unbekannt, Estate Achim Duchow, © VG Bild-Kunst, Bonn 2025.

Abb. 15: Sigmar Polke: „Großer Kopf", 1979, Übermalung von Achim Duchows „Traumfabrik", Acryl- und Wasserfarben und Sprühtechnik auf zwei überlagerten Schablonen aus Velinkarton, 98 × 68 cm, Foto: Städel Museum – bpk, © VG Bild-Kunst, Bonn 2025.

Abb. 16: Memphis Schulze/Sigmar Polke: „Herr Natürlich", 1976–80, Kasein, Sprühlack auf Nessel, 260 × 190 cm, Fotografie: Estate Memphis Schulze, Düsseldorf, © VG Bild-Kunst, Bonn 2025.

Abb. 17: Sigmar Polke: „Original + Fälschung" (nach Henri de Toulouse-Lautrec „Marcelle") 1973, Öl auf Leinwand, 90 × 70 cm, Foto: Reni Hansen, © VG Bild-Kunst, Bonn 2025.

Abb. 18: Installationsansicht: „Sigmar Polke. Bilder Tücher Objekte: Werkauswahl 1962–1971", Stedelijk Van Abbemuseum, Eindhoven, 1976, im Bild: Sigmar Polke: „Auf der Suche nach Bohr-mann Brasilien und seine Folgen", Achim Duchow: „Die Ehrenwerte Gesellschaft", Astrid Heibach: „Unsere Kolonien", Foto: Peter Cox, Eindhoven, Niederlande, Archives Van Abbemuseum, Eindhoven, Niederlande © VG Bild-Kunst, Bonn 2025.

Abb. 19: Sigmar Polke/Achim Duchow/Astrid Heibach/Katharina Steffen: „Day by Day … they take some brain away", 1976, Offsetdruck 42 × 30 cm, S. 4–5, Foto: Dieter Reifarth, © VG Bild-Kunst, Bonn 2025.

Abb. 20: Sigmar Polke/Achim Duchow/Astrid Heibach/Katharina Steffen: „Day by Day … they take some brain away", 1976, Offsetdruck 42 × 30 cm, S. 8–9, Foto: Dieter Reifarth, © VG Bild-Kunst, Bonn 2025.

Abb. 21: Sigmar Polke/Achim Duchow/Astrid Heibach/Katharina Steffen: „Day by Day … they take some brain away", 1976, Offsetdruck 42 × 30 cm, S. 22–23, Foto: Dieter Reifarth, © VG Bild-Kunst, Bonn 2025.

Abb. 22: Sigmar Polke/Achim Duchow/Astrid Heibach/Katharina Steffen: „Day by Day … they take some brain away", 1976, Offsetdruck 42 × 30 cm, S. 10–11, Foto: Dieter Reifarth, © VG Bild-Kunst, Bonn 2025.

Abb. 23: Sigmar Polke/Katharina Steffen/Achim Duchow/Astrid Heibach/Kaka Lemoine/Sigi Krauss/Lucky Luke und sein Freund: Beitrag in dem Künstlerbuch „Je.Nous/Ik.Wij", 1975, 31 × 19,5 cm, S. 2–3, Foto: Anna Polke-Stiftung, © VG Bild-Kunst, Bonn 2025.

Abb. 24: Sigmar Polke/Katharina Steffen/Achim Duchow/Astrid Heibach/Kaka Lemoine/Sigi Krauss/Lucky Luke und sein Freund: Beitrag in dem Künstlerbuch „Je.Nous/Ik.Wij", 1975, 31 × 19,5 cm, S. 10–11, Foto: Anna Polke-Stiftung, © VG Bild-Kunst, Bonn 2025.

Abb. 25: Achim Duchow: „Friends of the Seventies", ca. 1976, digitale Farbprints von 2017, 20 × 30 cm, Foto: Kunstpalast – ARTOTHEK, © VG Bild-Kunst, Bonn 2025.

Abb. 26: Achim Duchow: „Friends of the Seventies", ca. 1976, digitale Farbprints von 2017, 20 × 30 cm, Foto: Kunstpalast – ARTOTHEK, © VG Bild-Kunst, Bonn 2025.

Abb. 27: Achim Duchow: „Friends of the Seventies", ca. 1976, digitale Farbprints von 2017, 20 × 30 cm, Foto: Kunstpalast – ARTOTHEK, © VG Bild-Kunst, Bonn 2025.

Abb. 28: Achim Duchow: „Friends of the Seventies", ca. 1976, digitale Farbprints von 2017, 20 × 30 cm, Foto: Kunstpalast – ARTOTHEK, © VG Bild-Kunst, Bonn 2025.

Abb. 29: Sigmar Polke: „ohne Titel (Gaspelshof)", 1978, Fotografie, 20 × 30 cm, Foto: Archiv der Anna Polke-Stiftung, © VG Bild-Kunst, Bonn 2025.

Abb. 30: Sigmar Polke u. a.: „Mao", 1972, Acryl auf Dekostoff auf Leinwand, Stange, 374 × 314 cm, Foto: The Museum of Modern Art, New York/Scala, Florence, © VG Bild-Kunst, Bonn 2025.

Abb. 31: Achim Duchow: „ohne Titel (Willich)", 1975, Polaroid, 10,5 × 9 cm, Foto: Nachlass Achim Duchow, Düsseldorf, © VG Bild-Kunst, Bonn 2025.

Abb. 32: *Sigmar Polke: Fotos, Achim Duchow: Projektionen*, hg. vom Kasseler Kunstverein, Ausst.-Kat. Kasseler Kunstverein, Kassel 1977, o. S., © VG Bild-Kunst, Bonn 2025.

Abb. 33: Einladungskarte „Je.Nous/Ik.Wij", Musée d'Ixelles, Brüssel, 24. 5.–13. 7. 1975, Foto: Archiv der Anna Polke-Stiftung.

Abb. 34: Sigmar Polke: „Messerwerfer", 1975, Offsetdruck mit vier Stempelabdrücken, 37 × 26 cm, Foto: Archiv der Anna Polke-Stiftung, Privatarchiv Eifel, © VG Bild-Kunst, Bonn 2025.

Abb. 35: Einladungskarte „Wir Kleinbürger – Zeitgenossen und Zeitgenossinnen", Galerie Toni Gerber, Bern, 27. 11. 1976–31. 1. 1977, Foto: Archiv der Anna Polke-Stiftung.

Abb. 36: Sigmar Polke u. a.: „Telefonzeichnung", 1975, Filzstift, Kugelschreiber, Bleistift, verschiedene Flecken auf Papier mit zum Teil ausgeschnittenen Partien, 69,8 × 99,8 cm, Kunstmuseum Bern, Sammlung Toni Gerber, Bern – Schenkung 1983, 1. Teil, Inventarnummer A 1984.2489, Foto: Kunstmuseum Bern, © VG Bild-Kunst, Bonn 2025.

Abb. 37: Sigmar Polke u. a.: „Telefonzeichnung", 1975, Collagierte Fotos, Zeitschriftenausschnitte, Sprayfarbe, Bleistift, Farbstift und Kugelschreiber auf Papier, 61 × 86,2 cm, Kunstmuseum Bern, Sammlung Toni Gerber, Bern – Schenkung 1983, 1. Teil, Inventarnummer A 1984.2468, Foto: Kunstmuseum Bern, © VG Bild-Kunst, Bonn 2025.

Abb. 38: Achim Duchow: zwei Seiten eines Skizzenbuchs, Foto: Lucy Degens, © VG Bild-Kunst, Bonn 2025.

Abb. 39: Achim Duchow: zwei Seiten eines Skizzenbuchs, Foto: Lucy Degens, © VG Bild-Kunst, Bonn 2025.

Abb. 40: Sigmar Polke u. a.: „Telefonzeichnung", 1975, Collagierte Fotos, Gouache, Kugelschreiber, Filzstift, verschiedene Flecken auf Papier mit ausgeschnittenen Partien, 69,8 × 99,8 cm, Kunstmuseum Bern, Sammlung Toni Gerber, Bern – Schenkung 1983, 1. Teil, Inventarnummer A 1984.2490, Foto: Kunstmuseum Bern, © VG Bild-Kunst, Bonn 2025.

Abb. 41: Sigmar Polke u. a.: „Telefonzeichnung", 1975, Collagierte Fotos, Filzstift, Kugelschreiber, Aquarell, Collage, Tinte auf Papier mit ausgerissener Ecke, 69,8 × 100 cm, Kunstmuseum Bern, Sammlung Toni Gerber, Bern – Schenkung 1983, 1. Teil, Inventarnummer A 1984.2480, Foto: Kunstmuseum Bern, © VG Bild-Kunst, Bonn 2025.

Abb. 42: Von Sigmar Polke beschriftetes Faksimile seines Skizzenbuchs von 1968/69, 1983, Besitz Dietmar Loehrl, Foto: Lucy Degens, © VG Bild-Kunst, Bonn 2025.

Abb. 43: Sigmar Polke am Gaspelshof, 1975, Foto: Franziska Adriani.